池上 彰

# 池上彰が大切にしている<br>タテの想像力とヨコの想像力

講談社+α新書

# はじめに——なぜ、「今」想像力が必要なのか？

## 大学の新入生に伝えた「いちばん大事なこと」

私は「想像力が世界を救う」という言葉が好きです。

誰しも、家族や友人、恋人など、大切な人の気持ちを想像することがあるでしょう。大切な人を喜ばせたい、助けたいといったとき、あなたはどうすれば相手に喜んでもらえるか、どうすれば助けられるかなど、懸命に想像をめぐらせた上で行動に移すはずです。

そうした「想像力」を、もっと大きく、いろいろなことに使ってみませんか。それは逆に言うと、世の中で解決を求められている多くの問題は、想像力の欠如によるものと言えるからです。

以前私は、ある大学の経済学部に入学した新入生に向けて、こう話しました。これは大学生に限らず、あらゆる世代の人に伝えたいことです。

「有名な経済学者の言葉に『クールヘッド（冷静な頭脳）とウォームハート（温かい心）』という表現があります。（中略）私なりに助言するなら、冷静に分析する一方で、人間の幸せな暮らしを実現することにも思いをめぐらせてほしいということです。なぜなら、人間の営みや心理を理解していなければ、現実からかけ離れた分析になってしまう危険性があるからです。

そこで新入生に大事なアドバイスがあります。それは想像力を鍛えることです。たとえば膨大なデータの背景にはどのような事情があるのか。そこにはどんな人々が暮らしているのか。人間への洞察力を磨いていってほしいと思います」と。

この「クールヘッドとウォームハート」は、経済学者だけでなく、あらゆる人に必要なものだと言えます。

人工知能（ＡＩ）が優秀な「クールヘッド」なら、人間の強みこそが「ウォームハート」であり、その根底にある「想像力」であるからです。

画像や文章、音声、コンピューター用のプログラムなどのさまざまなものを生成することのできる「生成ＡＩ」の時代が、本格的に幕を開けました。この流れは止められません。これまでの常識を超えるＡＩに私たちが対峙し、使い倒そうとするとき、大きな力となるのも、想像力なのです。

## 日本では想像力が否定的に捉えられている？

私たちの仕事にも、「想像力」の重要性はどんどん高まっています。ものやサービスが、個々の需要に合わせ多様化する世界で、想像力をどこまで働かせられるかがビジネスの決め手となってきています。

しかし日本では、「想像（力）」という言葉は素晴らしいものというよりも、ちょっとマイナスなイメージのある言葉として使われているようです。たとえば「あの人の意見は、想像で言っているだけでしょ」「それは想像にお任せしますよ」などです。どちらかと言えば、肯定的な使い方よりも、否定的な、あるいは皮肉っぽい使い方をされがちなのではないでしょうか。

それにはふたつの理由があります。ひとつは、「想像」という言葉と「妄想」という言葉が、混同されているからです。妄想とは、仏教用語で「みだりなおもい。正しくない想念」、心理学用語で「根拠のない主観的な想像や信念」を指します。一方で想像とは、「実際に経験していないことを、こうではないかとおしはかること」「現前の知覚物ではない物事を心に浮かべること（imagination）」です（いずれも『広辞苑』より）。

つまりとんでもない内容の場合には、私は基本的に「それは妄想だよ」、あるいは「被害妄想だよ」「誇大妄想じゃないの」などと「妄想」の語を使います。

想像が否定的な使われ方をするふたつ目の理由は、特に仕事上で、「想像」には「ふわふわとしていて漠然としたもの、非論理的なもの」というイメージがあるからです。「想像ではなく、もっと地に足のついた考え方をしなさい」というニュアンスが暗に含まれているのです。

日本では、斬新なアイデアよりも、今ある製品をよりよくしていく「カイゼン」のほうが賞賛される企業文化があります。翻って、想像力や想像力のある人を軽く見る風潮があるとも言えます。

想像力から生まれる発想には、感度のよいものや、奇想天外だけれども本質を摑んでいるものなどもあります。それを日本では否定的に捉えられてしまう。それがイノベーションの芽を摘み、だからこそ、日本は高度成長期以降、世界的なＩＴ革命から立ち遅れてしまい、アメリカのようなＧＡＦＡ（Google／Apple／Facebook／Amazonの頭文字からとった呼称。あるいはMicrosoftを加えて「ＧＡＦＡＭ」とも）が生まれないのでしょう。

## 難民キャンプを活気づかせた「ヨコの想像力」

今の時代にこそ、前を向いて明るい未来を描く、「想像力」が必要です。

身の回りにいる大切な人たちや、同時代を生きる世界の人たちのために、未来の自分や世界のために、自分は今何ができるのか、どういう生き方をしたいのか。

受動的に生きるのではなく、自分なりに精一杯、充実した人生を送るには、どうすればいいのか。

そのときに必要なものが、何よりも想像力なのです。

本書では想像力を、次のように定義します。

自分ではない「他者」、ここではない「場所」、今ではない「時」などに対して、自由に思いをめぐらせる力。

人々が行動する原動力になったり、道を切り開くきっかけとなったりする力。

特に、「自分ではない『他者』、ここではない『場所』」――同時代を生きる他者、過去に生きた他者、身近な人たちから海外の人たちまで、ヨコに広がる想像力をここでは**「ヨコの想像力」**と呼びましょう。

そして「今ではない『時』」――未来の世界や、未来の自分自身へと、タテにつながる想像力を**「タテの想像力」**と呼んでおきます。

「想像力」と一口に言っても、いろいろな種類の想像力があるのです。

「想像力が世界を救う」と私が痛感した出来事のひとつとして、内戦の続くシリアから逃れてきた難民キャンプを取材したときのことが挙げられます。

シリアは二〇一一年三月に、「アラブの春」と呼ばれる民主化運動が波及したものの、政府軍と反体制派との武力衝突が本格化し、内戦状態に陥り、その紛争が長期化しています。私が取材に行ったのは、シリアの隣国ヨルダンのザータリ難民キャンプです。シリア人の難民キャンプで最大であり、一時は一二万人が生活をしていて、現在も約八万人が暮らしています。

二度目に取材へ行ったとき、ザータリ難民キャンプはすっかり賑わっていました。キャンプの入り口から、難民が自分たちで開いた店がずらっと並び、鶏の丸焼きなどいろいろな料理が売られていました。いちばんの繁華街は、シリア人が首都ダマスカスを呼ぶ言葉「アッシュ・シャム」とパリの有名な大通り「シャンゼリゼ」をもじって「シャム・エリゼ」と呼ばれています。かつてフランスの植民地だったシリアらしい命名です。シャム・エリゼ通りと交差する道はニューヨークにちなんだ「五番街」。ちなみに日本人ボランティアたちが、ある通りを「銀座通り」と呼ぼうとしましたが、これは残念ながら定着しませんでした。

ザータリ難民キャンプで賑わっていた数々の店は、実は電気を盗んで商売をしていました。難民キャンプに、国連難民高等弁務官事務所（ＵＮＨＣＲ）が電線を引いて通した電気を、勝手に「盗電」していたのです。

そこでＵＮＨＣＲのザータリ難民キャンプ担当のトップに、「どうして電気を盗ませたままにしているのか、こんなに勝手なことをやらせていいのか」と聞いてみました。するとそのドイツ人トップは、「難民たちは、人からの支援でただ助けられているだけという状況には耐えられないんだ。彼らも経済的に自立して、自分で稼ぎたいと思っているんだ」と教えてくれました。

難民キャンプにいれば、食料が与えられます。しかしそうやって援助される側であることは、決して幸せなわけではないということでしょう。難民キャンプの中で自分で稼いで、一緒に逃げてきた家族を扶助し、自活することが大事なのだといいます。

あるいは、いずれ内戦が収まったら、難民は祖国に帰ります。そのときに備えて、今から生活力をつけておかなければいけないのです。

「だから、電気を盗むくらいは大目に見ている」と。

困っている人たちをただ「助けよう」というだけでは、だめなのです。支援する相手の意志を尊重し、長い時間で見て真の援助となる方法を、想像しないといけないということです。これがまさに「ヨコの想像力」の使い方です。

## トップアスリートに共通する「タテの想像力」

一方の「タテの想像力」を存分に生かしている人たちとして、世界で活躍するトップアスリートたちが挙げられます。彼らは、未来の自分自身に対して自由に思いをめぐらせる力、すなわち身近な「タテの想像力」を使って、自分の道を切り開いていった人たちです。

二〇二三年のＷＢＣ（ワールド・ベースボール・クラシック）、野球の世界一を決める大会で、日本チームが優勝しました。その立役者となり、大会の最優秀選手（ＭＶＰ）も獲得した大谷翔平選手は、花巻東高校（岩手県）に通っていたころ、監督の指導で一年ごとの目標を設定していました。大谷選手は「二七歳＝ＷＢＣ日本代表ＭＶＰ」と書いていました。達成したのは二八歳ですが、見事に実現しています。

彼は七〇歳までのプランを立てていて、アメリカのメジャーリーグでのワールドシリーズ制覇、結婚や子どもの誕生、メジャー引退後に日本へ帰国し、日本プロ野球界や故郷岩手のための活動などを記しています。まだ実現していない目標がこれからどうなっていくのか、今後も大谷選手の活躍が楽しみですね。

夢を叶える人とは、「未来の自分はどうなりたいか」を具体的に想像し、「その想像した未来に行き着くためには、今何をすべきか」ということを考え、一歩一歩、努力を続ける人です。「未来から現在を振り返る」視点を持っているのです。

もちろん、子どものころに想像した未来を実現できる人がいる一方で、残念ながら実現できなかった人たちも世界には大勢います。プロ選手になれる人は、全国のスポーツ少年・少女の中でも、ほんの一握りです。今子どもに大人気の職業であるユーチューバーも、それだけで食べていけるほど稼げる人は、ほんの一握りだといいます。

そういう面を見て、「自分の夢について想像なんかしたって、意味がないよ」と思う子ども、「現実なんてこんなものだよ、いまさら夢なんて持てないよ」と思う大人もいるかもしれません。

しかし、何か大きな夢を成し遂げた人で、自分の未来を一切想像せずに成功した人はいないはずです。うまくいくかどうかは別にして、何歳になっても、まずは想像してみることこそが、夢を実現するための第一歩なのです。

さらに、私も大人になってみてわかったことがあります。子どものころに抱いた夢をずっと持っていると、完全にそのとおりにはなれなくても、どこかで一部が実現するようなこともあるのだ、ということです。

プロの野球選手にはなれなかったけれど、スポーツ用品メーカーに入ったり、スポーツ雑誌の編集者やライターになれたりするかもしれないし、スポーツ関係の広告プロモーションを手掛ける広告マンになるかもしれません。地域のスポーツ少年団でボランティアのコーチを務め、野球にかかわり続ける人もいます。

何歳になっても、自分が抱いた夢に何らかのかたちでかかわることは可能なのです。

華々しい活躍をするプロの野球選手とは違って、そうした夢の叶え方は、他人からはわかりにくいものです。しかしそういうかたちで夢を実現させた人は、案外、あなたの身近にもいるはずです。

だからこそ、誰でも、いつからでも、前向きに自分の夢、未来の自分について、想像してほしいのです。それが、今ではない「時」に対する「タテの想像力」を鍛える第一歩になります。

## ネアンデルタール人は滅び、現生人類は残った

そもそも人類は、豊かな想像力のおかげで、現在の繁栄を手に入れることができた──。二〇二二年のノーベル医学生理学賞を受賞した、スウェーデン出身のスバンテ・ペーボ博士は、そう考えているそうです。

ペーボ博士は、「絶滅したヒト科のゲノムと人類の進化に関する発見」という研究で、ネアンデルタール人のＤＮＡ配列を解読した功績が評価されています。

ネアンデルタール人は旧人の一種で、約四〇万年前から四万〜三万年前ごろまで、ヨーロッパや西アジアに住んでいましたが、絶滅しています。一方、私たち現生人類（ホモ・サピエンス・サピエンス、あるいは現代型ホモ・サピエンスともいう）は、アフリカを起源として約一〇万年前から三万五〇〇〇年前にかけて進化しました。七万〜六万年前ごろにはアフ

リカを出て、世界中へ散らばっていきました。

ペーボ博士の研究によって、ネアンデルタール人と現生人類は、DNA的にも明らかに別種だとわかりました。しかし一方で、現生人類が六万年ほど前からネアンデルタール人と交配し、その遺伝子を今も受け継いでいることも判明しました。現在のアフリカ人を除く人類は、全DNAのおよそ一〜四パーセントがネアンデルタール人由来のものだったのです。

さて、なぜネアンデルタール人は滅び、現生人類は滅びなかったのか。現生人類がネアンデルタール人を虐殺したのではないか、などと、さまざまな説があり、いまだ研究途上の謎です。

ペーボ博士は、ネアンデルタール人が一度住み着いた場所には何万年も住み続け、決して移住しようとしなかったこと、新しい技術を生み出さず、生活をまったく変えなかったことに注目しています。

一方の現生人類は、新天地を目指してどんどん移住し、新しい道具を作り続け、さまざまな環境に適応していきました。

つまり私たち現生人類は、陸地が見えなくても「海の向こうには何があるんだろう」「この海の先に、新天地があるかもしれない」という想像力を原動力として行動を起こし、仲間と協力し合いながら、冒険の旅に出たわけです。そして、地球上のあちこちに散らばっていきました。

だからこそ、たとえば気候変動が起きるなどしてネアンデルタール人が絶滅の危機に瀕してしまったとしても、現生人類は各地に分散することによって生き延びることができた。それによって、今があるのではないかと、ペーボ博士は仮説を立てているのです。想像力を持って冒険したおかげで、今の現生人類があるのだということです。

ペーボ博士にインタビューした際、「この先に陸があるかどうかもわからないのに、『海を渡ろう』と思うのは狂気でしかないが、私たちにはそれが欠かせない。今私たちは、火星に行こうとしている。理由はよくわからないが行こうとしているのだ」と話していたのが印象的でした。

私たちは遺伝子レベルで、生まれながらに想像力を持った生き物なのです。想像力が欠如していたら死に絶えていたかもしれません。

そう考えれば、未来に対していたずらに悲観的にならずに、一歩踏み出す勇気が湧いてくると思いませんか。

さあ、あなたの生まれ持った想像力の翼を広げようではありませんか。

池上彰が大切にしている　タテの想像力とヨコの想像力／目次

## 第3章　「タテの想像力」で未来を決めると今が変わる
### ——リミッターを外すのは楽しい！

2

「未来から現在を振り返る視点」でビジネスが変わる

## 第6章 池上彰の未来予測
### ――私が未来を予測するとき何を見ているか

# 第1章

# 想像力を失うと私たちはどうなるか？

——ＡＩvs.想像力の時代が来た

## 1　日本人が想像力を伸ばせない七つの原因

### 生成AIはどこまで人間の仕事を奪うか

私たちは今、ＡＩやＩｏＴ、ビッグデータによって引き起こされた、「第四次産業革命」と呼ぶべき変化の渦中にいます。ＡＩがなかったころにはもう戻れません。これから人間が、ＡＩをどう使いこなしていくのかは、人間の想像力次第です。

二〇二三年に入り、「生成ＡＩ」「対話型ＡＩ」などと呼ばれるＡＩの完成度が高まっていることが話題になっています。アメリカの企業オープンＡＩが、二二年一一月に発表したＣｈａｔ（チャット）ＧＰＴが最初に一般に知られましたが、そのオープンＡＩに出資したマイクロソフトに加えて、グーグル（現・アルファベット）、メタ（旧・フェイスブック）、中国ＩＴ大手の百度（バイドゥ）なども、われ先にと開発を競い合っています。

チャットＧＰＴの生成ＡＩとしての機能では、利用者の指示に応じて多彩な文章を書くことができます。アメリカでは、すでに多くの学生がチャットＧＰＴを使ってレポートを作っているという調査もあります。試みにＭＢＡ試験（ビジネススクールの入学試験）問題を解かせたところ、チャットGPTは高得点をもらえる解答を生成したそうです。チャットGPTを宿題や試験に活用するのか、あるいは禁止するのか、私たちは難しい対応を迫られることになります。

日本で使用できるようになり私もさっそく、チャットGPTを試してみました。「ロシアによるウクライナへの軍事侵攻を説明しなさい」と質問したところ、見事なレポートが出来上がってきたのです。

ビジネスシーンでも、資料や提案書などを作成する時間を大幅に短縮することができるため、チャットGPTを業務に活用する企業が出てきています。またデータ分析やプログラミングコードの生成にも、チャットGPTは便利に使えるそうです。

オープンAIとペンシルベニア大学による論文では、生成AIの普及により、アメリカの労働者の約八割は業務の少なくとも一〇パーセントに影響があり、さらに約二割は業務の少なくとも五〇パーセントに影響を受ける可能性があるとみられています。特に、参入障壁や賃金が高いホワイトカラー、たとえば調査研究者や記者、数学者といった職業には、より大きな影響が出るそうです。

さらにチャットGPTは、ラブレターや詩、小説など、ニュアンスまで汲み取った文章も書けるといいます。イラストなどの画像に関しても、自動生成できるＡＩがいくつも登場しています。

これまでは、「想像力の必要なクリエイティブな仕事は、ＡＩには代替されない」と考えられてきましたが、そうも言っていられなくなるかもしれません。

その上日本には、想像力を伸ばしにくくする要因があります。

## 原因① なにかあったらどうするんだ症候群

まず挙げられるのが、とにかくリスクを排除しよう、排除しようという日本社会の姿勢です。なにかに挑戦すると、リスクになるかもしれませんから、そうすると「なにもやらないのがいちばん」となってしまいます。

元陸上選手でスポーツコメンテーターの為末大さんの言葉が、さまざまなメディアで取り上げられました。「私たちの国は『なにかあったらどうするんだ症候群』にかかっています。この症候群は社会に安定と秩序をもたらしますが、その副作用として社会の停滞を招き個人の可能性を制限します」というものです。

現状維持に腐心するようになると、よりよい未来を想像する気力も失われてしまいます。

リスクを排除したがる日本企業の例として、掃除用ロボットにまつわる逸話があります。掃除用ロボットは二〇〇二年、海外メーカーから相次いで発売されました。特にアメリカのアイロボット社の「ルンバ」は日本でも大ヒットし、スイッチを入れれば自動で部屋中を掃除してくれるという手軽さで、従来の掃除機の概念を覆しました。ルンバは、もともと地雷探査の装置として軍事用に開発していた技術を、掃除機に転用したものです。

実は日本の大手電機メーカーも、その前年に掃除用ロボットの試作機を完成させていたそうです。しかし「外出中に掃除機が仏壇のろうそくを倒して、火事にでもなってしまったらどうするんだ」などと無用の心配ばかりをし、なかなか商品化できなかったといいます。

これぞまさに「なにかあったらどうするんだ症候群」で、せっかく先発優位のポジションを獲れるチャンスがあったのに、みすみす逃してしまいました。

## 原因② 自分の中の手強い前例主義

イギリスの経済学者であるケインズは、「この世でいちばん難しいことは、新しい考えを受け入れることではない。古い考えを忘れることだ」という名言を残しています。

「うちの会社では、以前からこうしている」「以前の上司には、こうしろと言われた」などと言って、古い考えに固執したり変化を拒否したりしていると、当然、想像力は枯渇してしまうでしょう。

「転職前の会社では」あるいは「アメリカでは」などと、他社や海外の事例を引き合いに出して難癖をつけたがる人を、「出羽守（でわのかみ）」と揶揄（やゆ）します。「では」ばかり言うためです。

こうした人は、自ら想像力を狭めているのです。

意見をもらったときに、「そうは言っても、うちの会社では……」などと思わず、「へえ、こういうやり方もあるんだ」と、素直に受け止める姿勢が大切です。

自分はもうこれ以上学ぶことなんかない、などという考えは、まさに傲慢（ごうまん）です。学ぶことがないというのは、もう自分は学べないと白状しているような恥ずかしいことです。常に謙虚であるべきです。

### 原因③　完璧主義すぎる

「世界幸福度報告」という調査（一五〇以上の国や地域を対象）があります。コロナ禍を経て、世界各国の幸福度が上がってきている一方で、日本は常に五〇位前後の幸福度となっています。

ランキング上位にいかない理由として、日本は上位一〇ヵ国と比べて「人生の選択の自由度」と「寛容さ」が低いということがわかっています。

この結果を見るにつけ、日本人が完璧を求めすぎるところが、幸福度を下げているのではないかと思います。店でのサービスから子どものしつけなどまで、ちょっとした失敗で、完璧を求める人たちから怒られてしまいます。

自分に対しても完璧を求めると、完璧にできなかったときに自己肯定感が低くなってしまいます。また日本では、他者からも常に「もっと頑張りなさい、頑張りなさい」というプレッシャーをかけられています。「もっと頑張らないと、自分はだめな人間なんだ」と言われ続けているようなものです。完璧を求めて頑張ろうとすると、幸福度が落ちてくるのは当然です。

日本では、危機を煽るような本や雑誌、テレビ番組がよく見られます。その影響なのか、子どもたちに「今何が心配か」と問うと、みんな「日本の将来が心配だ」「国の借金をこんなに抱えていいんですか？」「年金はもらえるんでしょうか？」などと言います。

考えてみると、世界でこんなに治安がよくて、こんなに食べ物がおいしくて、こんなに物価が安いなんて、こんな幸せな国はそうはありません。日本のいいところにも、もっと目を向けたほうがいいのではないでしょうか。

そういう完璧性を求めない、いい加減な国は、世界にいくらでもあります。こうした国は結果的に「寛容さ」も「幸福度」も、高くなるのだと思います。そしてもっと自由に、想像力を羽ばたかせられるのではないでしょうか。

完璧主義の弊害についてもう少しお話ししましょう。自動車を買ってすぐに壊れると、日本では大騒ぎになります。でもかつてイタリアやフランスの車など、故障は日常茶飯事でした。十数年前、「週刊こどもニュース」を担当していたころ、車を買い替えようとして何気なく「どこの車にしようか、フランスの○○なんかいいね」と同僚に話したことがありました。すると同僚が、「○○は最近すごく品質が向上して、買ってから一年は故障しないらしいよ」と言うではありませんか。それ以前は、もっと早く故障していたということです。雨漏りがするという逸話もありました。

ドイツ車は壊れにくい点、さすが、日本と似た真面目な国民性といったところでしょうか。

私はよくテレビ番組で「世界でいちばん列車が遅れる国はどこだと思う？」と質問をします。どこだと思いますか？

正解は、日本なのです。

先日も新幹線に乗っていて、たった三分遅れただけで、「三分遅れで到着です。遅れたことを、心からお詫び申し上げます」としきりに車内アナウンスで謝っていました。海外では三分の遅延なんて、遅延のうちに入りません。三〇分や一時間遅れたからといって、誰も問題にしないのです。だから、世界でいちばん「列車が遅れる」と「認識している」のは、日本なんだということです。

以前、ニューヨークのマンハッタンにあるペンシルベニアステーションに行ったときは、列車が駅の何番線のホームに入るかがギリギリまでわかりませんでした。地下にホームがあり、その何番線に入ってくるかわからず、みんな頭上の電光掲示板を見ています。列車が近づいてくると、何番線に入るか表示され、そこで一斉に地下までドドドッと降りていくわけです。つまりいろいろな列車のダイヤが遅れているから、何番線に入るかは事前にわからない。到着したときに空いているホームに入るということです。

日本では電車が遅れることは想定されていませんし、到着するホームは、始めから決まっています。さらには、各駅で出口に近いのは何号車かといったことまできっちりと表で示されています。サービスや配慮が、行きすぎではないかと感じるほどです。

日本の家電製品も、機能が過剰で、異常なほど高品質です。だから結局、値段が高すぎて海外で売れなくなっていったわけです。

海外のホテルに行くと、だいたいテレビは韓国のＬＧ社製です。家電マニアに言わせれば「日本のテレビと画質が全然違う」「日本の４Ｋテレビは素晴らしい」などということになるのですが、普通の人からすれば遜色なく、ＬＧで十分なのです。何より安いわけですから。

## 原因④　他人と比べて目標を立てる

嫉妬の感情も、自分の成長を阻害します。

たとえば会社の同僚が活躍をしたときに、「でもあいつは普段、こんな欠点もあるのに……」などとこき下ろしたくなったとします。しかし一呼吸おいて、じっくり考えてみてください。実は、相手が自分より優れていることに対する嫉妬で、その嫉妬の意識を他のことに転換しようとしていないか。あるいは、相手を叩くことによって、自分の嫉妬心を満足させようとしていないか。

そうした本心を、自覚することは大事です。

ライバルに嫉妬するのではなく、「すごいなあ、どうすればああいうふうにできるのかな」「自分の場合は何ができるかな」というふうに、あれこれと前向きな想像をして次に生かせるかどうかがポイントでしょう。

そのとき、「次はあいつに勝ってやる」などと他人と比べた相対的な目標を立てるのではなく、「あいつはすごいけど、自分も自分なりにこの目標でやるんだ」「自分の限界まで、全力で挑戦してみよう」などと、絶対的な目標を立てて能動的に行動するのです。そのほうが結果も出るでしょうし、ストレスのたまらない生き方ができるはずです。

## 原因⑤　思考や行動にブレーキをかける

大人になるにつれて、想像力がなくなってきたなと感じる人も多いのではないでしょうか。ではなぜ、想像力が失われてしまうのでしょう。

それは、自分の思考や行動に対し、自分でブレーキをかけているからだと思います。

特に最近は、その傾向が強いようです。作家・演出家の鴻上尚史さんは、若い人たちと何かをするとき、最近は「そんなことをしていいんですか？」という言葉をよく聞くと言います。枠組みや構造そのものを疑うという考えがない、と『同調圧力のトリセツ』（鴻上尚史、中野信子）で述べていました。

私の感覚でも鴻上さん同様、「そんなことは聞かずに、自分で徹底的にやれることをやり尽くせばいいじゃない」と呆れてしまいます。

以前ある新聞記者から聞いた話です。地方の支局で部下として配属されてきた若手の記者に、「○○の件に関して県の対応がおかしい、県の姿勢を追及する記事を書け」と指示をしたところ、「え、そんなことをしていいんですか?」と聞かれた、と言っていました。新聞社に入りたいと自ら希望して入った人がそんなことを言うとは、衝撃的です。

新聞社などのマスコミはむしろ枠組みや構造そのものを疑う側で、権力が濫用されていないかを監視し、間違っていれば指摘するものです。その若手の記者は、新聞記者は行政のお知らせ係でいい、波風を立てたくない、とでも思っていたのでしょうか。

全力で取り組んでみた結果、問題にぶつかってしまったとしても、それはそのときにまた考えればいいのです。あらかじめ限界を決めて、そこまでしかやらないということ自体、あり得ないというかおかしいと思ってしまいます。

小さな子どもが素晴らしい想像力を持っているのは、大人から見れば突拍子もないと感じるほどにブレーキなどかけず、自由に想像をするからなのです。

いろいろなことにしり込みをしたり、自分で自分の行動にすらブレーキをかけたりしていれば、想像力も自由に飛躍しようがありません。

## 原因⑥　タイパ重視が想像力を鍛える機会を失わせる

最近は、想像力を奪う習慣として「タイムパフォーマンス（タイパ）」も挙げられます。

タイパとは、時間の効率を追い求める考え方です。テレビ番組のインタビューで、若い人たちが「ドラマなどは『ネタバレ』であらすじを調べてから見る」と言っていたのは衝撃的でした。最後まで見てつまらなかったら時間の無駄になるから嫌だ、どういう結末になるのかわからずに見るとハラハラするから嫌だ、などといった理由で、「ネタバレ」を調べてから、見るかどうかを決めるのだそうです。

また、あえて録画して、ビデオの倍速機能で番組を見ているともいいます。

映画やドラマは、セリフのないシーンや、会話の「間」などがあってこそ、見る側の想像力が働くものです。「主人公が黙って歩いているけれど、これはどういう気持ちでいるんだろう？」などと考えるのです。

「タイパ」重視で早回しをしながら見てしまうと、その「間」が何を意味していたのかなどがわかりません。そうやって想像力を働かせる機会が減ると、だんだんと想像力を弱めてしまうと思います。

タイパを重視して映画やドラマを倍速で鑑賞し、ＳＮＳなどで情報収集をする時間を確保するよりも、ＳＮＳをやめてじっくりと映画やドラマを見るほうが、想像力を養えるはずです。ＳＮＳこそが時間泥棒だという認識で、ＳＮＳを使う時間を限ったほうがいいのです。

## 原因⑦ 意味を考えず何気なく言葉を使いがち

新型コロナウイルスのパンデミックにより、アメリカでは小学生の学習量が激減しました。特に算数・読解の学力が、コロナ禍ですっかり落ちてしまったといいます。日本でも、学校での授業量の減少による教育格差の拡大が問題視されましたが、アメリカほどではありませんでした。

こうしたコロナ禍で、私たちは「発展」が失われた、「進化」が止まった、などと考えます。しかしこうした私たちが何気なく使っている言葉は、どういう意味なのか、そう言いきってしまっていいのか、ときにじっくりと考えるべきでしょう。

何が「発展」なのか、何が「進化」で何が「退化」だと言えるのか。その解は曖昧で、誰にもわからないのではないでしょうか。また「変化」を捉えて、それを「進化」あるいは

「退化」とみなして決めつけることは、想像力を阻害する一因にもなります。

たとえば進化という言葉は、よいほうに進んで行くことだと捉えがちです。しかしダーウィンの進化論では、進化とは、「よいほう」に進むという意味ではないのです。

さまざまな突然変異が生まれ、その後環境が変化したときに、たまたま適応できる種が生き延びられたという、偶然の産物が進化なのです。

人間が地球を支配するようになって、世の中はよいほうに進んでいると勝手に思い込んだわけですが、地球環境や人間以外の生物にとって、今がよい方向なのかはわかりません。変化はしていますが、それがよいか悪いかの価値判断は、実はできないと思うのです。

「民主主義は素晴らしい」と私たちは学校で習い、信じてきました。しかしここ数年、ロシアや中国のような専制主義的な国家が台頭してきています。世界は退化しているのかと言うと、そうではなく、これもただ「変化」しているだけと言えるかもしれません。そういう世界の見方も必要になってくるのでしょう。

## 2　想像力を失うとどうなるか？

### 私の若いころの恥ずかしい失敗談

では、想像力を失うとどうなってしまうのでしょうか。「ヨコの想像力」を失った場合の例として、私の若いころの恥ずかしい失敗談を披露しますので、参考にしてみてください。

大学卒業後に記者として入ったＮＨＫで、初任地となった松江では、松江警察署や島根県警を回って事件や事故が起きていないか毎朝聞いて回ることになりました。警察官という人たちは捜査への影響を懸念して、今捜査していることに関してはなかなか話してくれません。

そんな相手から話を聞き出す方法として、先輩記者から「まずは雑談をしろ」と指示をされ、私はすっかり困ってしまいました。大学を出たばかりの若造が、警察官とどんな話をしていいのか、まったくわからなかったのです。

先輩からは、「何かありますか？　と聞いてはいけない、それは御用聞きだ」「そういう聞き方だと『ないよ』『あ、そうですか』で会話が終わってしまうぞ」と注意をされ、なんとか雑談をするしかありません。

コミュニケーション能力のひとつとして、教育学者の齋藤孝さんは「雑談力」を提唱しています。特に、話してくれない相手に話してもらいたいとき、雑談力は有効です。

この雑談力にも、想像力が必要だったのです。

きっと警察官はプロ野球の巨人ファンが多いだろうと安易に想像し、「昨日は巨人が勝ちましたね」などと水を向けるのですが、私が巨人ファンではないから熱量も感じられなかったのでしょう。ははあ、雑談がしたくて無理やりそんな話題を振ったんだね、と、バレバレでした。

結局、引きがいい話題というのは、人それぞれの好きなことに尽きます。人となりを知るまでは、雑談は難しいものなのです。失敗をくり返しながら、それでも日々懸命に、相手に対して想像をめぐらせるようにして、ようやく少しずつ「雑談力」が身についていきました。

雑談の後はいよいよ、事件や事故が起きていないか質問をするわけです。しかしここでも、「今どんな事件を捜査していますか？」などと直球の質問をしたところで、当然答えてくれるわけがありません。

そこで相手をよく観察して、思わず返事をしてしまうような質問をしていきました。「あれ、目が赤いですね。どうしたんですか？　徹夜ですか？」「何か疲れているみたいですね。何か捜査してます？」などです。

特ダネをとる先輩記者は、休みの日に捜査員と釣りに行っていました。並んで釣り糸を垂れているとそのうちに、捜査員がポロリとヒントをくれるというのです。

あるいは同僚で、私よりずっと特ダネをとってくる記者がいました。そこで「いつも夜回りに行って、デカ（刑事）とどんな話をしてるんだ？」と聞いてみました。すると「いや、昔ばなしを聞いてるんだよ」と言うのです。そこで、あ、なるほどとピンときました。

相手が過去に解決した事件、つまり武勇伝について、「話を聞かせてください」とお願いをするのです。「前はどんな事件をやっていたんですか？　そのときはどうやって犯人を見つけたんですか？」と質問をするということです。

捜査中の事件については、情報を漏らすとどういう影響があるのかわからないので刑事は話したがりませんが、解決済みの昔の話であれば、刑事も心おきなく話せるわけです。「俺はこれがおかしいと思ったから、調べたらホシ（犯人）だったんだよ」と、相手の武勇伝として、自慢話をしてもらうことが大事なのです。まずはそこからです。

……ということを理解したのは、記者になって相当時間が経ってからでしたが……。

相手に話してもらうときには、どのように質問をすれば相手が気持ちよく話してくれるか、想像をめぐらせるべきだったということです。若かりしころ、警察をひたすら回って、失敗を積み重ねた経験からわかったことです。

## やる気をなくした部下がミスを連発

その後も、私がＮＨＫでキャスターとして「首都圏ニュース」を担当しているときに、想像力不足から失敗をしてしまった経験があります。

ニュース番組では、画面にどんな写真を使うのか、絵にするのか、あるいはテロップにするのかなどの画面作りを考え、準備をするという仕事があります。

そのころは大量に新入職員を採用していた「バブル採用」の時期で、通常は採用されてすぐ地方の放送局に行くはずの新人ディレクターたちが、地方に配属しきれずに東京に配属され、首都圏ニュースの現場で働いていました。大学を出たばかりの新人で、まだまだ彼らは仕事になりません。そのため私が「こういうテロップを作れ」などと、全部指示を出していました。

するとと誤字・脱字が非常に多かったのです。放送中に気がついた私が、あわててお詫びと訂正をする、という日々でした。

しばらくして、はたと「これではだめだ」と気づきました。まだ能力がないからと、仕事を細かく指示してしまったことで、新人たちを受け身の姿勢にしてしまっていたのは、私だったのです。人からあれやこれやと指示をされたらやる気がなくなるという当たり前のことに、私の想像が及んでいなかったのです。

それからは、ニュースの画面作りは新人たちに「自分で考えてみろ」と任せるかたちに変えました。すると時間はかかるものの、自分でしっかりと考えて仕事に取り組むようになったおかげか、誤字・脱字などのケアレスミスが減っていったのです。

## 廃棄するしかなかった被災地の救援物資

「ヨコの想像力」を失うとどうなるか、もうひとつ例を挙げましょう。

自然災害などの被災地へ支援をしようとする際に、相手の置かれている状況に対する「ヨコの想像力」が不足して自分本位の支援を考えてしまうと、それは結局相手のためにならない上に、ありがた迷惑にさえなってしまいます。一九九五（平成七）年の阪神・淡路大震災で、非常に大きな問題が起きました。

たとえば、ニュース番組が現場から中継した避難所には、全国から救援物資がどっと届きました。しかしすぐ近くの、テレビでまったく取り上げられていない避難所には、何にも届きませんでした。

また、「寒いから、きっと服が必要だろう」と送ろうとして、つい「そうだ、ついでに食べ物も送ってあげよう」と、服と食品を同じ段ボールに入れて送ってしまうような人もたくさんいました。しかし被災地では、全国から届いた大量の段ボールを開梱して、中身を被災者に配るための人手が足りず、いったん避難所の隅に段ボールを積み上げておきました。しばらくすると、そこから異臭が漂ってきました。同梱されていた食品が腐り、衣料品も全部だめになってしまい、段ボールごと捨てるしかなくなったのです。

この衣料品も、時として、洗濯もしていない着古したものが送られてくることもありました。送り主が、ゴミとして捨てる代わりに被災地に送ったのではないかというようなものです。

ちょっと想像すればわかりそうなものです。現代の日本で、たまたま被災したから避難所に行っている人たち、本来は普通に日常生活を送っていた人たちが、誰かが着古したもの、清潔でないものを着ますか？　あなたなら着るのですか？　ということです。

また、宿泊先も確保せず食料も持たないボランティアが、被災地に多数集まって、ただでさえ困っている被災者の生活を圧迫するといったことも、災害支援の現場でたびたび起きました。最近起きた自然災害では、こうした問題への反省点を踏まえて、ボランティアの受付窓口を設け、受け入れ期間や受け入れの条件などを設定するようになっています。

いずれのケースも、発端は善意なのです。「相手は大変だろうな」と想像したところまではいいわけですが、しかし具体的な想像が、まだまだ足りていなかったということです。相手に対する細やかな「ヨコの想像力」は、絶対に必要なのです。

最近も、日本の国際協力が大失敗に終わったことがありました。イスラム世界で災害が起きた際、日本から救援物資として、インスタントラーメンが大量に送られたことがありますが、しかしそのインスタントラーメンのスープは、豚のエキスを使ったものでした。イスラム世界では、イスラム教の戒律で豚肉は食べられません。結局日本から送られたインスタントラーメンは、すべて廃棄処分となってしまったのです。「ヨコへの想像力」が足りなかったという例です。

## 3　ＡＩを脅威に変える悪意の想像力

### ＡＩが「自然に」フェイクニュースを拡散

技術や道具は、使い方によって、便利なものにも凶器にもなり得ます。その技術や道具の使い方をどうするかは、人間の想像力の使い方次第で左右されるのだと言えます。

想像力は、いい使い方をすれば「世界を救う」ことにつながりますが、反対に悪い使い方をすれば、脅威にもつながり得るということです。

特に生成ＡＩや「ディープフェイク」（ＡＩの技術を応用して作られる、ニセ動画やニセ音声）の登場で、「悪意」がすぐに影響力を持ち得る時代が到来してしまいました。

ユーラシア・グループという政治リスクに関するコンサルティング会社が、毎年一月上旬にその年の「一〇大リスク」というものを発表しています。この未来予測は、驚くほど的中率が高いように思います。

たとえば、二〇二一年は「アメリカ第四六代大統領」がリスク第一位でした。発表の二日後さっそく、バイデン氏の大統領当選を認めないトランプ支持者たちによる連邦議会襲撃事件が起きました。翌二二年のリスク一位は「中国のゼロコロナ政策の失敗」。強権体制国家の中国では思いもよらなかった大規模な抗議デモがこの年の後半に起き、世界にゼロコロナ政策の失敗が露呈したのです。

二三年の「一〇大リスク」第三位になったのが、「AIによる社会混乱」でした。生成AIやディープフェイクなどが、社会に混乱を引き起こすだろうと予想されたのです。

この予測は、見事に的中していると感じます。一月の時点では「AIによる社会混乱」と言われてもピンとこなかったのですが、ほんの数ヵ月で瞬く間に生成AIは社会生活に浸透しつつあります。

そして以前から言われていた「AI脅威論」が、より現実的なリスクとして差し迫ってきています。ユーラシア・グループの代表である、アメリカの国際政治学者イアン・ブレマー氏は、「これは非常に大きな危険です。五年前、こんな問題はほとんどなかった」とテレビ朝日などのインタビューで話していました。

生成AIは、性能を高めるための「強化学習」にインターネット上の情報を使っているため、著作権やプライバシーを侵害したものを生成してしまう可能性が懸念されています。

さらに、民主主義を否定するなどの特定の考え方を学習させることで、使い方次第では

「自然な」フェイクニュースをどんどん作り出すツールにもなってしまうのです。

ＡＩは倫理観を持っておらず、倫理的に「正しい」こと、「誤っている」ことの区別がつけられないためです。

生成ＡＩの開発スピードが速いことで、世界的に法規制が追いついていないことも、生成ＡＩをめぐる現時点での課題となっています。

二〇二三年五月に開催された「Ｇ７広島サミット」でも、生成ＡＩの利点やリスク、課題などについて議論するため、Ｇ７担当閣僚による枠組みを立ち上げることが合意されました。年内にもＧ７としての見解をまとめ、今後の方向性を示す予定となっています。

## ディープフェイクがもたらす不測の事態

ディープフェイクも、悪用されるとフェイクニュースの温床となってしまいます。われわれ人間が、ＡＩに使われる、ＡＩに振り回される、そんな「ディストピア（反理想郷、暗黒世界）」もあり得るのかもしれないと感じてしまいます。

ロシアが二〇二二年二月二四日にウクライナへ侵攻した後、三月中旬ごろに、ディープフェイクで作られた衝撃的なニセ動画が世界中に拡散され、大きなニュースになりました。

そのニセ動画では、ウクライナのゼレンスキー大統領が、「大統領の仕事は意外に難しかった。明日はもう存在しない。少なくとも僕にとって……。皆さんさようなら。武器を捨て家族のもとに戻ってください。僕もそうしようと思う」と画面に向かって語りかけていました。ウクライナ国民に対して、降伏を呼びかけるというものだったのです。

このニセ動画の真偽が判明するまで、ウクライナでは混乱が続きました。

ユーラシア・グループが「これらの進歩は、ＡＩが人々を操って『政治的混乱』を引き起こす能力を一気に高める」「不測の事態が起きるかもしれない」などと懸念するのも、当然です。

悪い想像をすれば、ロシアのプーチン大統領のディープフェイクを作って、「核兵器を使用するよう命じた、間もなく○○へ核兵器が投下されるだろう」などと言わせ、過去のミサイル発射実験の映像などと組み合わせ、世界に拡散したとします。すると一瞬で、世界中で核ミサイルの発射合戦となり、一気に人類滅亡の危機に陥る、ということも、あり得ないとも言いきれません。

ディープフェイクは、登場させる人物の写真と音声があれば、ＡＩが表情や言ってもいないセリフ、声に合わせた口の動き、まばたきまで、ほんの数分で生成します。音声は、言わせたい言葉とはまったく関係のないものでかまいません。つまり本人のあずかり知らないところで、写真と音声さえあれば、ディープフェイクが作れてしまうのです。さらに、ディープフェイクとの会話までできるようになっています。

私が出演するテレビ朝日の番組で、日本のディープフェイク開発企業の代表は、「(ディープフェイクは) 五年以内くらいに、人間にほぼ近いものになっていくのでは」と話していました。

ディープフェイクの技術が発達し、性能が上がっていくと、「ニセ動画」がどんどんネット上に増え続け、どれが嘘でどれが本当か、誰も見破れない状況になってしまうおそれがあります。

## 騙されないように時には性悪説に立つ

中国は今密かに、台湾の世論を動かそうとしています。サイバー攻撃を仕掛けたり、さまざまなフェイクニュースを流したりして、台湾に親中派の政権をつくりたいと考えているのです。

二〇二二年八月、アメリカ民主党の重鎮議員のナンシー・ペロシが、連邦議会下院議長

（当時）として二五年ぶりとなる台湾訪問をした際には、サイバー攻撃が特に激化しました。

ペロシは長年、中国の人権問題を批判し、台湾を支持してきた対中強硬派です。一九八九年に、中国で人民解放軍が民主化を求める学生らを武力で制圧した「天安門事件」が起きると、ペロシは二年後に事件現場の天安門を訪れ、「中国の民主化のために亡くなった方々へ」と英語と中国語で書いた横断幕を掲げたほどです。

今回のペロシの訪台は、ロシアのウクライナ侵攻に対して、バイデン政権が「ウクライナは北大西洋条約機構（NATO）加盟国ではない」という理由で米軍を派遣しないと早々に表明していたこと、それを受けて台湾で、「中国から攻め込まれた場合、アメリカは助けてくれないのではないか」という不安が高まったこと、などが理由とみられています。

当の中国は、この訪台に計画段階から猛反発していました。「中国と台湾とはひとつの中国」という原則を堅持する習近平（しゅうきんぺい）国家主席は、アメリカのバイデン大統領との電話会談で「中国の主権と領土を守る」と強調し、訪台について厳しく牽制していました。

ペロシの訪台当日には、中国軍機が台湾の防空識別圏に二度侵入しています。

こうしたペロシ訪台に合わせて、台湾には大規模なサイバー攻撃も仕掛けられました。訪台翌日には、台湾の駅構内やコンビニの電光掲示板に、「死の商人ペロシは台湾を去れ」などの文字が現れました。掲示板の広告契約を結んでいた業者がシステムを乗っ取られたのです。

また台湾外交部（外務省）や国防部（国防省）など、行政機関のサイトには、大量のアクセスでシステムを麻痺させる「ＤＤｏＳ攻撃」が中国側から仕掛けられたことがわかっています。

さらにインターネット上には、フェイクニュースも数多く出回りました。たとえば「台湾当局がペロシの訪問を働きかけるため、アメリカのＰＲ会社に約四億円（日本円に換算）を渡していた」などです。中国と台湾の関係にひびが入るのは、台湾当局の策略のせいだ、という印象を植えつけ、台湾の人々を親中派にしようという目論見の一環なのでしょう。

しかしペロシは、もともと台湾寄りの政治家で、台湾訪問を長年望んでいました。それを知っていれば、このフェイクニュースに騙されることはありません。わざわざ台湾がお金を出して働きかけなくたって、ペロシは台湾に来るだろう、と考えられるからです。

この年一一月には、「与党の民進党政権が、台湾の大手半導体メーカー台湾積体電路製造（ＴＳＭＣ）をアメリカに売った」というフェイクニュースも出回りました。

これも、ＴＳＭＣは台湾随一の業績好調な優良企業で、まさに「台湾の宝」ですから、今与党がこれを売るわけがないと気づけるかどうかです。

こうしたバックグラウンドの知識を持っていれば、ある程度、フェイクニュースにも引っかかりにくくなります。

台湾はこうしたフェイクニュースへの対策を進めつつ、今後増えるであろうディープフェイクの悪用についても警戒をしています。

二〇二二年一二月、ディープフェイクを使って選挙に影響を与えようとする行為に、罰則を設ける法律の改正案を閣議決定したのです。候補者は自分のディープフェイク動画に、削除請求をすることが可能になります。また、ディープフェイク動画を故意に拡散する行為も、罰則の対象になります。

とはいえ、「相手を騙そう」という悪意を持って作られたものを、私たちひとりひとりが正確に見極めるのは、やはり困難です。

大切なのは、そうした情報に触れたときに、「ちょっと待てよ」と立ち止まることです。発信元はどこなのか、まず確認します。そして意外なものなどは特に、これまでの文脈などを考え、「常識的に、この状況でそれはおかしいのでは？」ということに気づく、あるいは調べるということです。

とはいえ、技術がどんどん発展する中で、「絶対に引っかからない」と断言できるかといえば、私もやはり自信はありません。でもむしろ、自分を過信せず、「引っかかるかもしれない」と思って慎重に対応することのほうが大事だと言えるでしょう。

フェイクニュースだと気づかずに、ＳＮＳで拡散してしまう人たちは、嘘のような話、驚くような話を聞いたときに「驚いた、みんなに知らせたい」と思うでしょう。しかし「えっ、そうなの!?」と驚く嘘のような情報は、本当に嘘かもしれないということを、肝に銘じなければいけないのです。

世の中には残念ながら、想像力を悪用し、悪意に満ちた行動をする人がたくさんいます。それに対抗するには、「もしかしたら、悪意のある人がこういうことをしたのかもしれない」という、性悪説に基づいて想像してみることも必要です。

## テクノロジーは民間利用も軍事利用もできる

技術や道具は、使い方によって、便利なものにも凶器にもなり得ます。その象徴的なものとして、ドローンが挙げられます。ドローンとは、遠隔操作や自動制御によって、無人で飛行できる航空機の総称です。

そのドローンが、ロシアのウクライナ侵攻で「ドローン兵器」として使われています。ロシアが使用しているドローン兵器は、イランで作られています。そこに残念ながら、日本の家電製品のさまざまな部品が使われていると報じられています。日本はイランへ家電の輸出をしていません。ところが、第三国を通して日本の高性能な家電をイランが入手し、兵器へと使用してしまっているのです。これも、想像力が悪い方向に働いてしまった一例です。

テクノロジー自体には、もともといいも悪いもありません。そもそもドローン自体、兵器にするためにできたものではありません。テクノロジーは、使う人間によって、民間用にも軍事用にもなる、いい使われ方も悪い使われ方もする、ということなのです。

日本の民性テクノロジーの軍事利用が最初に問題になったのは、一九六〇~七五年のベトナム戦争のときです。アメリカが「北爆」、北ベトナムを爆撃する際、精密誘導爆弾を使用しました。爆弾に高性能なカメラのレンズをつけて、爆撃目標へ正確に当てる技術を、アメリカが開発したのです。

その先端のカメラに、ソニーのカメラのレンズが使われ、当時大きな問題になりました。ソニーはカメラを作っているだけだったのに、アメリカがそのレンズを爆弾に使用していたことが衝撃的でした。

また、一九八八（昭和六三）年から九九（平成一一）年にかけて「本州四国連絡橋」の三ルート（瀬戸大橋、明石海峡大橋、しまなみ海道）ができた際、橋の下を通る船のレーダーが使えなくなる、ということが問題になりました。現代の船は、レーダーで障害物の有無を感知しながら航行しているのですが、橋の下ではレーダー波が橋にぶつかって乱反射してしまったり、偽像を生じさせたりしてしまいます。

そこで海難事故を防ぐために、日本企業のＴＤＫが「障害となるレーダー波を吸収する塗料」を開発しました。

するとそれを知ったアメリカ軍が、ステルス戦闘機の塗料に使うようになったのです。ステルス戦闘機とは、敵のレーダーに感知されず相手を急襲するための戦闘機です。本四架橋のために開発された塗料が、ステルス戦闘機へ軍事利用されてしまったのです。

## 中国の監視社会がＳＦを超える日

テクノロジーの発展が、私たちの暮らしにどう影響するのかを考えるのは、まさにＳＦ（science fiction、空想科学）小説そのものですね。自分がＳＦ作家になったつもりで、メリットやデメリットを考えてみるといいでしょう。

テクノロジーの悪い使われ方が、これでもかと伝わってくる作品が、一九四九年に出版されたイギリスの小説家ジョージ・オーウェルのディストピアSF小説『1984』（田内志文訳）です。

『1984』は、第三次世界大戦後の冷戦下における架空の一党独裁国家を舞台に、国民が「テレスクリーン」と呼ばれる装置で二四時間監視され、恋愛も禁じられている世界を描きます。主人公である党員のウィンストン・スミスは、次第にこの絶対的統治に疑念を抱き、体制の転覆をもくろむ「ブラザー連合」に興味を持ち、テレスクリーンが違反とする行為をし始める……、という作品です。

初めて読んだときは、こんな監視社会なんて、技術的に無理だろうと思っていました。しかし今や、中国が実現しつつあります。

ウィンストンは物語の終盤で拷問・洗脳室に入れられ、テクノロジーの力で心を折られ、思想まで塗り替えられ、党を心の底から崇拝する人間に生まれ変わらせられます。

まるで中国が目指しているように見える国家が、七四年前に描かれていたのです。

二〇二三年二月に明らかになった「（中国共産）党と国家の機構改革案」では、習近平が公安・安全関連の組織を、次の党大会がある二七年までに格段に増強しようとしていると伝えられました。

　しかしこの案は今回見送られたのですが、習近平はすでに、一七年の党大会報告で、中国内のすべての組織、団体を中国共産党が仕切ると宣言しています。鄧小平（とうしょうへい）、江沢民（こうたくみん）、胡錦濤（こきんとう）の各時代には、党と政府（国務院）の分離が推進されました。ところが、習近平がトップになってからは、党中央が直轄する組織が増えています。

　かつての旧ソ連も、密告が奨励されるような窮屈な警察国家でした。そしてフィクションの『１９８４』が、二一世紀の中国で現実のものになりつつあるかのようで、空恐ろしいものがあります。

# 第2章

# 「ヨコの想像力」が仕事や人生を変える

## ──「人」と「多様性」を知る力がつく

## 1　自分も相手も幸せになるにはこれしかない

### 誰ひとり同じ考えの人はいないのだから

第2章では、自分ではない「他者」、ここではない「場所」に対する「ヨコの想像力」について解説していきます。同じ時代を生きる他者、過去に生きた他者、身近な人たちから海外の人たちについてまで想像する力が、「ヨコの想像力」なのです。

何についても自分とまったく同じように考えている他者は、この世にはいません。どんなに親しくて、考え方が自分と似ている人、たとえば家族や友人、恋人であっても、どこか違うところがあるはずです。

なぜなら、人はそれぞれの内面に、これまでの経験や、それに対する感じ方、考え方を蓄積しています。そしてひとりひとりが、それらの積み重ねで構成される「内在的論理」を持っているからです。

だからこそ、相手が何を考えどう感じているのか、相手の内在的論理を、「ヨコの想像力」を使って想像してみる。たとえば相手が困っているなら何に困っているのか、どうしたら助けられるかを、想像してみる。そうした力が必要になります。

想像力を上手に活用するには、気づかないうちに誰もが自分で自分にかけてしまうブレーキを、かけないようにする努力が必要になります。つまり、自分の中での想像力の「リミッター（制限するもの）」を、意識的に外していくべきなのです。

この第2章と、続く第3章では、さまざまな角度から広く深く想像するための、「リミッターの外し方」もあわせてお伝えします。

## リミッターの外し方① 新たな場所で生活をしてみる

「ヨコの想像力」を駆使すれば、人々の需要を見つけ出し、ビジネスを展開することもできます。その好例として、韓国企業サムスンの商品開発が挙げられます。

たとえばスマートフォン（スマホ）が誕生するより前、アフリカでよく売れていた携帯電話は、日本製でも欧米製でもなく、韓国のサムスン製の携帯電話でした。

サムスンは自国や先進国で携帯電話が好調に売れ、売れ行きがそろそろ伸び悩みそうだというころに、携帯電話に懐中電灯の機能だけをつけて、アフリカで売り出しました。

アフリカには、文字を読み書きできない人が大勢います。そこでメールよりも、とにかく通話の機能が必要になります。さらに電気があまり普及していないので、夜間家に帰ってくるときに、懐中電灯で足元を照らしたり、かばんの中の鍵を探したりしたいという需要があります。だからシンプルに、懐中電灯の機能だけをつけた携帯電話を売ったのです。これがアフリカで、非常によく売れました。

現地の人たちの需要をしっかりと想像した、「ヨコの想像力」のおかげです。

どうしてサムスンがアフリカの人たちの需要を把握できたのかというと、サムスンは若い社員を世界中に派遣して、そこに最長二年間住まわせるからです。そして「とにかく現地で友達をつくれ、それぞれの地域で何が必要なのか学べ」と指示をするのです。それによって、的確に現地の需要を把握した商品開発を進め、商品をヒットさせて利益を得ることができるというわけです。

今いるところから飛び出して新たな場所に行き、さらにそこで旅ではなく生活をしてみるということは、知らない場所、知らない人たちに対する、多くの気づきを与えてくれるものです。

サムスンの例は、「新たな場所で生活をしてみる」ことでリミッターを外し、思いもよらなかったアイデアを生む、ということです。

サムスンならではの海外向け商品は、他にも面白いものがいろいろとあります。

たとえばユダヤ人の国イスラエルでは、毎週金曜日の日没から土曜日の日没までが「安息日（シャバット）」となります。この間は一切仕事をしてはいけないという決まりがあり、敬虔なユダヤ教徒はそれを守っています。

「一切仕事をしてはいけない」というのは、古代において「火を使ってはいけない」という意味でもありました。そのため現代においても、シャバットには、ガソリンが「燃える」車は運転できないし、電気が流れるスイッチを入れるような行為もできません。

食事の支度もできないため、家庭の主婦は金曜日の日没までに食事の作り置きをします。しかしそれを冷蔵庫に入れると、シャバット中には冷蔵庫も開けられないため、食べられません。なぜなら、ドアを開けると自動的に庫内に電気がつくため、開けることができなくなるのです。

そこで「シャバット冷蔵庫」という商品が誕生しました。シャバット期間中は、冷蔵庫のドアを開けても中の電気がつかないように、タイマー設定がされているのです。これもサムスン製です。イスラエルで暮らしたサムスンの社員が、ユダヤ人たちが何に悩んでいるかということに気がつき、開発したのでしょう。庫内の電気のタイマー設定機能をつけるだけですから、技術的にも簡単です。

また、アラブ世界のイスラム教国の人々は、モスクで礼拝をします。礼拝のときには、当然コーランを読みます。あるモスクに行ったところ、カラオケのビデオセットがあり、アラビア語でコーランの文言が流れてきました。それをそのまま読んでいれば、コーランを読み上げることができるのです。

これは便利そうだ、どこが作っているんだろうと思ったら、やはりこれもサムスン製でした。

技術的には、カラオケのビデオセットの応用で、歌詞が流れる代わりにコーランを入れておけばいいだけなので、簡単です。特別な技術開発はいりません。

その国に暮らしている人のいろいろな悩みに、外からの目線だからこそよく気がつき、ビジネスチャンスを得る。「ヨコの想像力」を持ってこそできることです。

今の日本企業が同様の知恵を発揮できていないというのが、ちょっと残念です。

## 「ヨコの想像力」をオンライン上で駆使したアマゾン

「ヨコの想像力」を活用した企業としては、世界最大級のインターネット上のオンライン・

ストアを展開しているアマゾンもそのひとつです。

アマゾンは、アメリカの広大な国土に住む人たちに必要なものを、「ヨコの想像力」を駆使して見つけ出したからこそ生まれたビジネスだと言えます。

アメリカでは都会でもない限り、日本のように家の近くに店がいくつもあるわけではないため、日々の買い物をするのは大変です。週に一度、車で一時間や二時間もかけて巨大なスーパーマーケットに行き、食料品や日用品をまとめ買いしなければなりません。

そんなアメリカで以前から流行していたのが、通信販売でした。インターネットが普及する前は、カタログが郵送されてきて、その中から欲しいものを郵送で発注すると商品が送られてきました。

それを、インターネットで注文できればいいなと考えたのが、アマゾン創業者のジェフ・ベゾスです。「biggest selection in the earth（世界最大級の品揃え）」をスローガンに、「お客様がアマゾンのサイトひとつであらゆるものを買えたり、サービスを受けられたりできるようにする」ことを目指しました。

今でこそネットショッピングは広く普及していますが、始まった当初は「注文したものが、本当にちゃんと届くのだろうか」「実績のあるカタログ販売でなくネットの店から実物を見ずに買って、品質はどうなのだろう」と、人々は不安でした。そこでアマゾンは、「品質が絶対に安心なもの」から商売を始めます。それが書籍でした。

アマゾンができた当時、私も含めたほとんどの人が「アマゾンとは、ネットの書店だ」と思い込んでしまっていました。そのうちにアマゾンが本以外の商品も売り始めたときには、「書店が他の商品も取り扱うのか」と思ったわけですが、ジェフ・ベゾスの戦略は、根本から違っていたのです。

ものによって品質にばらつきが出たりしない書籍を売ることで、顧客の信用を得て、次第に文房具を取り扱い始め、次に……と、だんだん商品の幅を広げていったというわけなのです。

このベゾスの愛読書が『ビジョナリー カンパニー 時代を超える生存の原則』（ジム・コリンズ、ジェリー・ポラス、山岡洋一訳）です。ベゾスの実践したビジョナリー・リーダーシップは、リーダーが想像した未来をチーム全員と共有していくというものでした。実現すべき未来へのベクトルが一致した組織をつくったのです。これがアマゾンの推進力になったのでしょう。アマゾンは、創業から長らくは大赤字でした。それを支えたのがこの未来のビジョンと、もうひとつ「エンジェル投資家」と呼ばれる人たちの存在でした。

以前私は、アマゾンの七番目の株主だというシアトル在住の人物に取材をしたことがあります。投資をしてから、いつまで経っても赤字続きだったけれどぐっと我慢をした。そのおかげで後に大儲けができた、と話していました。

どんなにすごいエンジェル投資家であっても、どの企業が成功するのかという未来は「わかるわけがない」と言います。そこで彼らは何をするかというと、可能性のあるスタートアップ企業に、片っ端から投資をするのです。一〇社投資して、成功できるのはせいぜい一社程度です。その成功分の利益が、残りの社の損失分をカバーしてくれるといいます。

基礎研究への投資のように、「下手な鉄砲も数撃ちゃ当たる」精神でばらまいてみるしかないということです。

アマゾンの七番目の株主である彼も、多くの損失を出したそうです。投資をしたある企業は、ペットの餌のネット販売を手掛けていましたがうまくいかずに倒産。それまでに投資したお金はすべて消え、残ったのは株主への配当でもらったぬいぐるみひとつだった、とぬいぐるみを見せてくれました。「でもアマゾンで成功したので、大変儲かっています」と。もともと資金に余裕のある大金持ちでしたが、それにしてもアマゾンが軌道に乗るまで、よく我慢したものです。

## リミッターの外し方②　人とは違う視点を持つよう意識する

「ヨコの想像力」といえば、以前対談した、日本科学未来館館長の浅川智恵子さんの話も印象的でした。

浅川さんは中学生のときに失明してしまい、視覚障がい者（全盲）となりました。学生時代に、日本ＩＢＭの学生研究員として点字翻訳システムを開発したことで、その後日本ＩＢＭに正式入社をします。障がい者支援のプロジェクトや、アクセシビリティー実現のための研究を続け、ＩＢＭの最高技術職である「ＩＢＭフェロー」となります。

アクセシビリティーとは、障がい者が健常者の人たちと同じように、あらゆる環境、たとえば輸送機関や施設・サービス・情報通信などを利用しやすいようにすることです。

アクセシビリティーは、障がい者だけに役立つものではありません。

音声合成や音声認識は、視聴覚障がい者の支援のために開発が始まったと言われています。また自動運転自動車は、視覚障がい者の夢が開発を牽引したそうです。アクセシビリティーのよい、ものやサービスは、健常者にも便利なものが多くあるということです。

一九世紀に電話を発明したグラハム・ベルも、もともと母親と妻が聴覚障がい者で、コミユニケーションを円滑にとりたいと考えて独学で信号処理の研究をし、偶然電話の発明に至ったといいます。

浅川さんは「障がい者を支援する技術でイノベーションを起こし、社会に普及させる」ことを信念としていて、視覚障がい者向けにウェブページの記述を読み上げる世界初のソフトウェア「ホームページ・リーダー」などを生み出しています。

現在は、視覚障がい者を行きたい場所に連れていってくれる、盲導犬のようなスーツケース型のロボット「AIスーツケース」を開発中です。二〇一九年には、全米発明家殿堂入りも果たしました。浅川さんの「アクセシビリティー」が、多くのイノベーションにつながったのです。

障がいがあるということは大変ですが、健常者とは違う視点になるからこそ、それを生かせばいろいろな技術を生み出すこともできる。

想像力はつまり、どの視点から何を見るかで、人それぞれ大きく違ってくるのです。他の人たちとは違う視点を持つことは、想像力のリミッターを外すきっかけになるということです。

なお「アクセシビリティーがイノベーションを生み出す」ことに関して、日本から始まった事例はほとんどないと浅川さんは話していました。

それはなぜなのか。日本の場合、「障がい者は大変だろうから、家にいればいい」「外に出ていかなくても、いろんなお世話をしますよ、助けますよ」という発想だからなのだそうです。あくまで「援助をすべき対象」としてしか考えてこなかったわけです。

しかし浅川さんは、「そうじゃない、障がいがあったって、外に出て活躍したい」と思い、行動してきました。

障がい者だって、ひとりの人間として外で活躍したいのだ、という思いに対し、日本では「ヨコの想像力」が足りなかったのではないかと思います。

自立をしたい、自分で少しでもお金を稼いで生活の足しにしたい、親元を離れてひとりで生活してみたい、などと思うのは、健常者も障がい者も同じです。

その、人間としてとても大事な思いを叶えられるように障がい者を手助けする、という視点が、日本の場合は非常に立ち遅れていたと思います。

他の先進諸国に比べて、日本が「ユニバーサルデザイン」（障がいの有無、性別、言語などに関係なく、誰にでも使いやすく設計されたデザイン）の普及が非常に遅れているのも、同様の理由ではないでしょうか。

## 難民にドイツ語教育をしたメルケル元首相

「はじめに」で紹介した、難民となったシリア人たちのヨルダンでの居住地「ザータリ難民キャンプ」で、「ヨコの想像力」を感じたもうひとつの例も紹介します。

この難民キャンプではじめ、世界食糧計画（ＷＦＰ）が、難民たちに食料を配っていました。しかしザータリ難民キャンプのあるヨルダン北東部の砂漠地帯は、もともと住んでいるヨルダン人たちもかなり貧しい暮らしを強いられていました。

「どうして難民ばかり特別扱いをして食料が援助されるんだ、どうしてわれわれヨルダン人には援助してくれないんだ」と、地元民たちには、難民に対する反感が生まれていました。

そこで現地で支援しているＷＦＰは難民に対し、食料の援助ではなく「食料引換券」というカードを配るようにしました。食料だけが買えるカードで、毎月、食料援助分のお金がチャージでき、それを持って難民キャンプの外に買い物へ行くことができるようにしたのです。

外のヨルダン人の店で、そのカードで難民が支払いをすると、使った金額分を後からＷＦＰが店に支払います。

難民が客として店に行くことで、ヨルダン人たちにとっても商売上の利益が上がる。そうしたウィン―ウィンの関係をつくった結果、ヨルダン人たちの難民キャンプに対する敵意が、急激に消えたそうです。

難民にとっても、食料引換券で買い物に行くことで、どんな食料を買うか、自分で考えて決められる自由が生まれました。

これも、「ヨコの想像力」を存分に生かした難民支援策だと言えます。

また自国を離れた難民には、言語の問題も起きます。

ドイツは二〇一五年、アンゲラ・メルケル首相（当時）の人道的配慮からの大英断で、シリアなどからの一〇〇万人以上の難民をドイツ国内に受け入れました。そして真っ先におこなった支援が、シリア難民たちに、ドイツ語を教えることでした。

ドイツは日本同様、少子高齢化が進んでおり、若年層の労働力不足が課題でした。そこで、シリアからわざわざヨーロッパまで来るような、意欲、気力、体力がある若者たちを受け入れ、ドイツ語教育を徹底し、ドイツ人労働者として働けるようにしたわけです。難民たちはドイツで仕事を得て稼ぐことができるし、ドイツにとっても、労働力不足の解消につながる。人道的な難民受け入れに関しても、極めて合理的に対応をしたというわけです。

先進国であるドイツに受け入れられ、生き延びるための心配から解放されたシリア難民たちは、メルケルに大変感謝しました。二〇一五年以降ドイツで生まれたシリア難民の女の子には、ときには男の子にも、「アンゲラ」「アンジー」「メルケル」と名づけられた子どもが多いそうです。

日本には中国残留邦人（残留孤児、残留婦人）がいます。彼らは第二次世界大戦で日本が敗戦したことにより生まれた、日本人の難民です。中国東北地方（旧満州）に居住していた日本人が、一九四五（昭和二〇）年八月九日のソ連軍の対日参戦により、肉親と離別して孤児となって中国人に育てられたり、やむなく中国に残ることになったりしました。

七二（昭和四七）年の日中国交正常化をきっかけに、中国残留邦人の日本への帰国が可能になりました。敗戦から二七年の時が経ってしまいましたが、「自分はやっぱり日本人なんだから、日本に帰りたい」という思いで、帰国を決断する人たちが続出しました。

幼くして中国の養父母に託され、中国残留邦人となった人たちは、実の両親が亡くなっていたり、日本での名前もはっきりとはわからなかったりして、日本にいる親族を探し当てるのも大変でした。当時はＤＮＡ鑑定の技術がなかったため、血液型や、離別したころの体の特徴などで親子関係を突き止めていました。親族が見つかると感動の対面が生まれ、そうしたシーンが数多く報道されたものです。日本政府も彼らに親族探しや帰国費用などの援助をし、これまでに約六七〇〇人の残留邦人（家族を含めると二万人あまり）が、日本に帰ってくることができました。

しかし残留邦人は、幼いころから中国にいたために日本語が話せなくなっている人ばかりでした。いよいよ日本に来て暮らし始めても、片言の日本語を話すことで、周囲から「中国人だ」と揶揄され、差別をされてしまいました。

さらにその子どもたち（在日二世）も、日本で差別やいじめを受けたことで、非行に走ってしまう人たちが出てきました。たとえば東京では、「怒羅権（ドラゴン、現在は警察庁が『チャイニーズドラゴン』と呼称）」という団体を結成し、半グレ（暴力団に所属しない新興の組織犯罪集団）となった人たちがいます。

中国残留邦人は日本に帰ってきてからも、言語問題をはじめ生活習慣や就労などの面で、さまざまな困難に直面してしまいました。それらの困難に対し、もっと丁寧な支援を末長くしなければいけなかったのです。しかし実際の支援は、公営住宅を提供して生活保護を受けさせるなど、経済的な援助が中心でした。中国残留邦人への支援に関して、「ヨコの想像力」が足りなかったように思います。

## 飢えや水不足を今の日本で想像できるか

私が最近、大学生たちと接している中で感じるのは、日本があまりに豊かでありすぎたために、貧しい人たちへの「ヨコの想像力」を持つことが非常に難しくなってきている、ということです。

食料が手に入らず飢えるというのがどういうことなのか、きれいな水が手に入らないことでどんな問題が出てくるのかといったことを、実はよく理解できていないのです。

フランス革命で、飢えと圧政に苦しむ民衆が蜂起したとき、王妃マリー・アントワネットが「パンがなければケーキを食べればいいじゃない」とのたまった、という逸話がありま す。実際にはマリー・アントワネットの言葉ではなく、フランスの哲学者ルソーの自伝的作品『告白』(桑原武夫訳)に書かれている「ある王女」の言葉が、後に歪曲されてマリー・アントワネットの言葉としてひとり歩きしたと言われていますが。

たとえは悪いですが、このマリー・アントワネットの逸話と同じくらい、今の日本の若者たちには貧困への想像力が持ちづらくなっていると感じます。

私たちの世代では、一九六七年から七〇年にかけてのナイジェリアの内戦「ビアフラ戦争」が衝撃的でした。人は飢えると、手足は痩せ細って骨と皮になる一方で、お腹だけが風船でも入っているかのようにぽこっと出てくるのだということを知りました。

ビアフラ戦争とは、ナイジェリア東部で石油埋蔵量の豊富なビアフラの地に住むイボ人たちが、ナイジェリアからの分離・独立を目指した戦いです。ナイジェリア政府は徹底的に弾圧し、内戦となり、ビアフラには食料が一切入ってこなくなりました。そしてビアフラの子どもたちの飢えた姿が、世界中の新聞に掲載されました。

ビアフラへ食料支援をしようという動きもありましたがうまくいかず、結局ビアフラ軍の無条件降伏で内戦が終結し、二〇〇万人とも言われる餓死者と、それを上回る数の難民を生みました。

アフリカ史上最悪の戦争のひとつであるこのビアフラ戦争は、五〇年以上経った今でも人々に大きな影響をもたらしています。調査によると、その戦争地域で暮らす人々は十分な教育を受けられていない上、低身長で肥満ぎみという特徴があります。胎児期から二歳くらいまでのあいだ低栄養状態に置かれた子どもは、体や知的な面での発育に遅れが出て、栄養状態が改善されたとしても身長が追いつけず、肥満や糖尿病、心臓病などの慢性病になりやすいと言われています。ビアフラの人々も、恐らくそうした理由で健康被害を受けているのでしょう。

世界に衝撃を与えた有名な写真として、内戦の続くスーダン南部で一九九三年に撮られた「ハゲワシと少女」というものがあります。

内戦による食料不足で骨と皮ばかりになった小さな少女がうずくまっている後ろに、ハゲワシが鋭い目でたたずんでいます。その少女が飢えで死ぬのを、今か今かと待っているかのような写真です。撮影した南アフリカの写真家ケビン・カーターは、翌年この報道写真で、アメリカのジャーナリズムで権威ある賞「ピュリツァー賞」を受賞しました。

ところが彼はその後、「どうしてこの子を助けなかったのか、写真を撮っている場合か」と大きなバッシングを受け、自殺してしまいました。

実際には、この女の子は母親と一緒に、食料を持ってきた支援団体のもとに来たところでした。食料をとりに行った母親を待っていた女の子がへたり込んだら、たまたまハゲワシが降りてきたので、その瞬間を写真に撮った。その後女の子はヨロヨロと立ち上がり、母親のところに歩いて行ったそうです。

写真に切り取ったシーンだけで誤解されてしまい、ケビン・カーターは自殺に追い込まれてしまったのです。しかしこの写真のおかげで、「忘れられた戦争」と言われていたスーダン内戦に世界の目が向きました。

スーダン内戦は、第一次が一九五五年から七二年に、第二次が八三年から二〇〇五年に起きました。スーダン北部のアラブ系住民と、南部の黒人系住民との対立を根幹とし、それに北部のイスラム教対南部のキリスト教という宗教対立も加わったものです。犠牲者は約二〇〇万人にのぼりました。

「ハゲワシと少女」を機に、さまざまな国からの働きかけも行われた結果、半世紀以上に及んだスーダン内戦はようやく終結し、二〇一一年に南部が独立して、南スーダン共和国が誕生したのです。たった一枚の写真で、多くの人がいろいろなことを想像し、感情がかき立てられたのです。


日本人にとって想像しにくいものとしてもうひとつ、水の問題があります。なかでも水不足は、現在も世界各地で大きな問題になっています。

きれいな水を手に入れるために、バケツを持って一時間も二時間もかけて遠く離れた井戸まで水を汲みにいくという重労働を、一日に三回も四回もやらなければならない地域はたくさんあります。それは子どもの仕事になりがちで、子どもは水汲みのために学校に行けなくなります。

そういう現実は、水資源の豊富な日本では、なかなか理解できないものです。世界の水問題を長年研究している、東京大学総長特別参与・工学系研究科教授の沖大幹（たいかん）さんに、以前聞いた話です。

アフリカの水問題で現地調査に行くと、男性たちは表に出てきて話をしてくれるけれど、女性たちはいつも出てきませんでした。イスラムの女性は慎み深くて、外国人に会おうとしないのだろうと、日本の調査スタッフたちは思っていました。

しかし井戸が整備され、そこできれいな水が手に入るようになったら、女性たちが出てくるようになったのです。

変化の理由は、服を洗えるようになったからでした。井戸ができる前は、女性たちは汚れた臭い服を着て人前に出たくなくて、隠れていた。しかしきれいな水で洗濯ができるようになったら、女性たちが積極的に表に出るようになったというのです。水は人としての尊厳にもかかわる重要なものだということです。さすがの沖さんも、初めはそこまで想像がつかなかったと言います。

## 2 「多様性を知る力」が自分も相手も生きやすくする

### 『この世界の片隅に』の舞台の地に赴任して

「ヨコの想像力」として、戦争犠牲者や自然災害の被災者への想像力は非常に重要です。つらい立場に置かれた人たちに寄り添うための想像力とは、どういうものであればいいか、考えてみましょう。

二〇二三年五月、「G7広島サミット」が開催されました。G7サミットとは、日本、アメリカ、イギリス、フランス、ドイツ、イタリア、カナダ七ヵ国の首脳と、欧州理事会議長、欧州委員会委員長が参加して毎年開催される、国際首脳会議です。

ロシアによるウクライナへの軍事侵攻で、プーチン大統領による核兵器の使用を示唆する発言も出る中で、被爆地・広島でG7サミットを開催することは、世界平和のメッセージ発信に意義のあるものでした。

私がNHKに入局し、松江放送局の次に赴任したのは、広島放送局の呉(くれ)通信部で、三年間勤務しました。そのときに初めて、呉市は被爆者の数が多く、広島市、長崎市に続いて三位になるということを知りました。

『この世界の片隅に』（こうの史代）というマンガやアニメ映画が大ヒットしましたが、この物語は呉が舞台です。広島市に原爆が投下された一九四五（昭和二〇）年八月六日の朝、キノコ雲が上がり、広島市との距離が二〇キロメートル以上離れているのに、爆風で障子の桟（さん）などいろいろなものが呉に飛んでくるという描写があります。

呉の人たちは、広島に大きな爆弾が落ちたと悟り、被害者を助けようと大勢の人が広島市に向かいました。放射性物質が充満しているところに何も知らずに入り、被爆してしまったため、呉市には被爆者が多いのです。原爆投下から二週間以内に、爆心地から約二キロ以内に立ち入ったことによる被爆を「入市被爆（にゅうしひばく）」といいます。

呉通信部に勤務していたころ、私は被爆者への取材を始め、特に被爆二世の問題を取り上げました。この八〇（昭和五五）年ごろは特に、被爆二世が結婚し、被爆三世となる子どもが生まれるころだったからです。

被爆者は、がんになるなどの病気や障がいが出ると、被爆が直接の原因かもしれないとわかります。しかし被爆二世にあたるその子どもたちに、どれだけの健康被害があるのかは、医学的なエビデンスがなくはっきりしないのです。たとえば体が弱かったり、すぐ風邪を引いてしまったりすると、被爆二世は「親が被爆したからではないか」と不安が高まります。また被爆三世にあたる赤ちゃんに関しても、ちょっと熱を出したりするだけで「被爆の影響ではないか」と不安になるのです。

さらにそのころは、被爆者も年をとり、被爆二世による親の介護問題も始まっていました。そうした被爆二世の悩みというものを取材したところ、当時の「ニュースセンター9時」で、八月六日に私の企画が放送されました。そのときに知り合った被爆二世の人たちとは、年賀状の交換をするなどずっとつきあいが続きました。

そうした縁で、近年は八月六日に広島から、九日に長崎から、民放の生放送の特別番組に出演しています。被爆者が受けた被害に、多くの人が想像をめぐらせてほしいと願っています。

特に原爆での被害者は、肉親の死や自身の病気、家を失うといった被害以外にも、差別という被害に苦しみました。生き延びた後も、体に「ケロイド」という、やけどなどが治った後にできる赤みのある皮膚の隆起が残り、「被爆者だ」と人から避けられたり、就職差別や結婚差別に遭ったりしたのです。

## 対面がいちばん思いが伝わると実感

二〇一六年に開かれたG7伊勢志摩サミットは、テレビ東京の番組で取材しました。その際、当時のオバマ大統領が広島に行き、被爆者に会うということになり、急遽広島にも取材に行きました。オバマの広島での演説は、一〇〇メートルほどの距離で聞きました。

演説後、テレビカメラに向かって感想を話す段になりました。「私は昔、ある被爆者と『いつかアメリカの大統領が広島に来てくれるといいよね』と話していました。それが今ようやく実現しました。そのときの被爆者はもうこの世にはいないけれど、私が代わりにそれを見ることができました」という趣旨の話をしていたところ、思わず涙が出てしまいました。

テレビの前で泣くなんてことは、これまで一度もなかったのに、当時の被爆者との会話を思い出しながら話しているうちに、つい感極まってしまったのです。ちなみにカメラを回していたプロデューサーも、涙をポロポロと流していました。

とても恥ずかしかったのですが、テレビ局的には「池上彰が泣いた！　意外性があって『おいしい』シーンだ！」ということで、全国放送されてしまいました。

毎年報道を続けてきて危機感を覚えるのは、戦後七八年を経て、被爆の実相を伝えることができる「語り部」が年々減少していることです。かろうじてわずかに残っている語り部の方々も高齢となり、健康問題などで、表に出て語ることが難しくなってきています。

私が過去にインタビューした被爆者の方々も、もう何人も亡くなってしまいました。被害を伝える語り部を、どうやって継承していくのかが、広島でも長崎でも、大きな課題になっています。

映像資料として残っている動画を見たり、被爆者のお子さんや被爆者に実際に会って話を聞いたりした学生などが、代わりに語り部となるという取り組みが進んでいます。しかし、体験していない人が人から聞いた話をさも自分のことのように語るというのは、なかなか難しいものがあります。受け取る側も、つい空々しく感じてしまうからです。

それでも、人が対面で直接語りかけてくれるほうが、聞く側の想像力もかき立てられ、心に残るものです。本を読んだり、データを読み解いたりするということだけでは、思いというのはなかなか伝わりづらいのです。

被爆者の思いを、後世の人たちにいかに伝え、つなげていくのか。戦後日本の大きな課題です。

## 想像力を刺激する展示とは

広島平和記念資料館（原爆資料館）の改装（東館は二〇一七年四月、本館は一九年四月にリニューアルオープン）をするとき、「被爆再現人形」の扱いが、大きな話題になりました。それまで、原爆投下直後の広島で、被爆して皮膚が垂れ下がって逃げ惑う人たちの人形（初めは蠟人形、後にプラスチック製）が展示されていました。しかし、これを見た子どもたちがトラウマになるという批判や、被爆者から「実態はこんなものではない、もっと悲惨だった」といった不満が出ていました。

そこでリニューアルするにあたり、「作り物」を展示するのはやめ、放射線を浴びたもの、過去の記録写真など、事実に即した「現物」だけを展示するという方針に変わりました。

その際、被爆して亡くなった子どもの、熱でぐにゃりと変形した弁当箱そのものだけを展示しても、その背景は伝わりません。そこで丁寧に、この弁当箱の持ち主はどういう人だったのか、被爆前の写真やそれぞれのストーリーと併せて、展示をしているのです。この子たちの人生が、原爆によって一瞬で断ち切られたのだ、ということを伝えています。

現物と、その背景を知ることで、ただ「原爆の熱で変形した弁当箱」から、「この持ち主はどうだったのか」というところにまで想像力が及びます。これは素晴らしい展示方法だと思います。

戦後七八年経ち、日本が経験した戦争への想像がつかない人が増えていく中で、被爆した人たちへの「ヨコの想像力」をいかに持てるようにするか。その点において、博物館やそこで働く学芸員の役割には、非常に大きいものがあります。

原爆資料館では、入り口にある大きな写真が、特に印象的でした。被爆前の学校で、子どもたちと先生がみんなはじけるような笑顔で写っています。にぎやかな笑い声が、今にも聞こえてくるようです。

この子どもたちがみんな、原爆で命を落としてしまった。こうした事実を提示して、資料館を訪れる人々の想像力を刺激し、平和について考えてほしいということです。

## G7広島サミットの成果と失敗

二〇二三年のG7広島サミットでは、五月一九日にG7の首脳たちが原爆資料館を訪問しました。二〇一六年にオバマ大統領が広島を訪れた際は、原爆資料館への滞在はほんの一〇分ほどでしたが、今回は四〇分の時間を割き、岸田文雄首相が自ら展示品を説明して被爆の実相を伝えました。

アメリカ、イギリス、フランスは核保有国であり、当初は原爆資料館の訪問に難色を示していました。しかし岸田首相は、広島という被爆地から選出されている国会議員として、G7首脳らの原爆資料館への訪問を熱望し、実現させました。

原爆資料館の芳名録には、G7の首脳らが直筆でメッセージを残しました。アメリカのバイデン大統領は「この資料館で語られる物語が、平和な未来を築くことへの私たち全員の義務を思い出させてくれますように」「世界から核兵器を最終的に、そして永久になくせる日に向けて、共に進んでいきましょう。信念を貫きましょう！」と書きました。

イギリスのスナク首相は、「広島と長崎の人々の恐怖と苦しみは、どんな言葉を用いても言い表すことができない。しかし、私たちが、心と魂を込めて言えることは、繰り返さないということだ」と記しました。

フランスのマクロン大統領は、「感情と共感の念をもって広島で犠牲となった方々を追悼する責務に貢献し、平和のために行動することだけが、私たちに課せられた使命です」と書き残しています。

核保有国の首脳らが、原爆による犠牲者を追悼しに揃って広島を訪れたことは、かつてないことであり、G7は一定の成功を収めたと言えます。

しかし一方で、資料館訪問の同日にG7首脳らが出した、核軍縮・核不拡散に関する「広島ビジョン」では、核の「抑止力」を維持する重要性が強調されました。核の「廃絶」には、まだまだほど遠い現状が露呈されました。

さらに、ウクライナのゼレンスキー大統領がG7に招かれ、G7首脳とのあいだで軍事的支援の強化が約束されました。ロシアに侵攻されている国を守るためとはいえ、平和とは対極のことが進められてしまいました。

なおゼレンスキーは、二一日に原爆資料館を訪れ、芳名録に「資料館の訪問に深く感銘を受けた。世界中のどの国も、このような苦痛と破壊を経験することがあってはいけない。現代の世界に核による脅しの居場所はない」と記しました。

今回のG7広島サミットは、戦後一貫して核と戦争を否定し、平和を願ってきた「平和都市広島」の地で、核の抑止力を是認し、ウクライナへの軍事支援までもが推進されることになりました。この結果に対して、複雑な思いを抱いたり、失望したりした人も多いのではないでしょうか。G7の首脳たちが揃って慰霊碑に献花した写真はインパクトがあり、これはこれで核の抑止力になったとは思いますが、その一方で割りきれない思いも残りました。

## 核実験反対署名活動——声を上げた女性たち

広島、長崎への原爆投下で、世界で唯一の戦争被爆国となった日本ですが、その後には「第五福竜丸事件」も起きます。一九五四（昭和二九）年三月一日午前六時四五分（現地時間）、国連信託統治領だったマーシャル諸島ビキニ環礁で、アメリカが水爆「ブラボー」の実験を行ったのです。

強い放射性物質を含んだ「死の灰」が海に降りそそぎました。アメリカが水爆の威力を見誤ったために、死の灰は予想以上に広がったといいます。

静岡の遠洋マグロ漁船「第五福竜丸」は、アメリカが指定した「危険水域」外で操業していましたが、乗組員二三人が被曝しました。約半年後にはそのうちのひとりである久保山愛吉さんが亡くなり、人類初の水爆犠牲者となったのです。

このとき、東京都杉並区のひとりの主婦が、核実験は禁止すべきだと署名活動を始めました。賛同した主婦たちの素朴で純粋な「人の命を守ろう、核兵器なんていらない」という「ヨコの想像力」にあふれた活動は多くの共感を呼び、活動は急速に全国へ広がります。第五福竜丸事件の翌年九月には、日本全国で約三二五九万筆、当時の一五歳以上人口の約六割に当たる数の署名を集めました。

党派を超えた活動で政治色はなかったため、当時の総理大臣吉田茂も、この署名活動を後押ししました。

しかし次第に、この原水爆禁止運動は党派性を帯びてきてしまいます。そして民主社会党（民社党）などの保守系による核兵器禁止平和建設国民会議（核禁会議）、日本共産党系の原水爆禁止日本協議会（原水協）、社会党・総評系の原水爆禁止日本国民会議（原水禁）の三つに分かれてしまいました。

ソ連が核実験に成功して核兵器を持った途端、日本共産党が「ソ連の核兵器はきれいな核兵器だから核実験をやってもいいんだ、アメリカ帝国主義の核実験だけ反対すべきだ」と言い出したことで、「核実験はどんなものであっても反対すべきだ」という社会党系と断絶してしまったのです。「生命の尊厳のために」という核兵器反対運動の原点を見失ってしまった証でしょう。

それに対して、女性たちの署名活動の背景には、やはり「子どもを産み育てる」性としての女性ならではの思い、人の命を守ることへの切実さを感じます。

## ナチスの暗号も解読する女性の強みとは

女性たちの「ヨコの想像力」を発揮できる社会をつくることは、なぜ大事だと思いますか？

そもそも男性だけの社会では、多様性（ダイバーシティ）に欠けます。多様性に欠けていると、「誰もに優しく、真に強い社会」をつくることができないからです。

欧米諸国は二〇世紀から、一進一退をしつつも、女性の社会進出や男女格差の是正に取り組んできました。

『多様性の科学　画一的で凋落する組織、複数の視点で問題を解決する組織』（マシュー・サイド、株式会社トランネット翻訳協力）には、戦時下という時代的な背景もありますが、女性の想像力が存分に生かされた事例が記されています。

第二次世界大戦の際、ドイツ軍が「エニグマ（謎）」という、絶対に破られることはないと言われた暗号機を使っていました。エニグマは木箱に入った小さなタイプライターのようなかたちをしていて、電気信号で複数のローターを回し、アルファベット二六文字をそれぞれ別の文字に変換する仕組みになっていました。

イギリス軍はこのエニグマの暗号を解読するために、著名な数学者や論理学者などをロンドンから約八〇キロメートル離れた郊外のブレッチリー・パークという場所に集め、必死に解読しようとしたのです。

しかしなかなかうまくいかない。そこで、ここがイギリスの真骨頂なのですが、「デイリー・テレグラフ」という新聞でクロスワードパズル・コンテストを開催し、成績優秀者を集めたのです。一般の男性事務員や、女性、ユダヤ系、キリスト教徒ではない人など、多様性のある人材が集まりました。

そこで暗号解読者のある女性が、暗号を作る側の気持ちを想像しました。「敵国から絶対に破られない暗号を作れ」と命じられたドイツ人たちも、ものすごいストレスとプレッシャーを感じたに違いない。そういうときはいたずら心から、キーワードに自分の恋人の名前や、イライラを発散するための罵り言葉でも使うのではないかと。

これほどの柔軟な発想は、男の私だからわかるのですが、男性からはなかなか出てこない。人の気持ちを読み解く機微に長けているところが、さすが女性だなと、感嘆します。

調べていくうちに、キーとなる冒頭の三つのアルファベットが、ドイツで多い女性の名前「Ｃｉｌｌｉｅ」からとったＣＩＬだということがわかりました。「恋人の名前でも使うのでは」という想像が、見事に当たっていたのです。これをきっかけに、一気にエニグマの暗号解読が進みます。

同じく第二次世界大戦では、アメリカでも敵国の、特に日本軍やドイツ軍の暗号を破るため、女性が大量に採用されました。男性たちは戦争に行かなければならないので、暗号解読の仕事を女性に担ってもらうことにしたのです。

戦後何十年も機密事項指定とされ、当事者たちも口をつぐんでいたこの「女性暗号解読者」については、『コード・ガールズ　日独の暗号を解き明かした女性たち』（ライザ・マンディ、小野木明恵訳）に詳しく描かれています。

一九四一年、バージニア州郊外に急遽移転・増設された、アメリカ陸軍の暗号解読機関「アーリントン・ホール」に集められた暗号解読者たちの多くが女性でした。陸軍と暗号解読を競い合っていた海軍も、卒業間近の女子大学生たちをスカウトし続けていました。終戦の一九四五年には、陸軍の暗号解読集団の約七〇パーセント、海軍の約四〇パーセント、アメリカ全体で約一万一〇〇〇人の女性が、暗号解読に従事していました。

世界の主要都市の日本大使館にいる外交官だけが使える「暗号機B型」、通称「パープル」の仕組みを最終的に看破したのは、かつて数学の教師になりたかったけれど女性を雇用してくれる大学が見つからず、年金計算の仕事に就いていた、ひとりの若い女性でした。

真珠湾攻撃を発案した山本五十六連合艦隊司令長官の搭乗した飛行機が撃墜されたときにも、アーリントン・ホールが取り組んだ二五ヵ国にのぼる敵国や中立国の暗号の解読に、女性たちが活躍しました。女性ならではの想像力やひらめきが、暗号解読に生かされたそうです。

## 日韓で共通する男女の生きづらさ

日本は、二一世紀になっても、いまだ男女格差が大きい国です。政府は「一億総活躍」「女性の力を活用」などと喧伝してきましたが、男女格差の是正にはまだまだほど遠い状況です。

二〇二三年六月に報じられたジェンダー・ギャップ指数（男女格差を示す値、世界経済フォーラムが発表）では、日本は世界一四六ヵ国中一二五位。先進国の中で最低、アジア諸国の中でも韓国や中国、ＡＳＥＡＮ諸国より低いという、さんざんな結果でした。

ジェンダーギャップ指数は、政治、経済、教育、健康の四つの分野でスコアを出し、〇が完全不平等で、一が完全平等を示します。日本は総合スコアが〇・六四七でした。教育のスコアは〇・九九七、健康のスコアが〇・九七三と、男女平等に近いものの、経済は〇・五六一、政治に至っては〇・〇五七で、政治分野が大きく足を引っ張りました。政治分野の指数として使われるのは、下院（衆議院）議員の男女比、閣僚の男女比、過去五〇年間で国のトップを務めた者の男女別の在任年数です。

隣の国で、女性に家事や育児の負担が大きいという共通点のある韓国の、同年のジェンダーギャップ指数は一〇五位です。低めではあるものの、日本よりは上位です。総合スコアは〇・六八〇で、教育〇・九七七、健康〇・九七六、経済〇・五九七、政治〇・一六九となっています。日本と比較すると、政治分野で大きな差がついています。

韓国は二〇一三年から一七年までの約四年間、朴槿恵（パククネ）が韓国初の女性大統領となりましたし、文在寅（ムンジェイン）前大統領は「フェミニスト大統領」を名乗り、過去最大となる五人の女性閣僚を起用しました。こうした取り組みが、政治分野での日韓の差に表れています。

とはいえ、日韓ともに、女性が生きづらい社会だということは間違いありません。

人口の約半分を占める女性が生きづらい社会は、子どもやお年寄り、障がいのある人などの他の社会的弱者にとっても生きづらい社会です。そして、社会的強者とされる男性にとっても、生きづらい社会になります。「男らしさ」という固定概念や「家族をひとりで養わなければ」といったプレッシャーがある社会では、男性も弱音を吐けないなど、精神的に追い込まれることになります。

## 二度と戦争を起こさないためにできたEU

多様性のある社会は、「誰もに優しく、真に強い社会」をつくることにつながります。

EU（欧州連合）ができる礎となった思想「パン・ヨーロッパ（汎欧州）」にも、多様性が反映されていました。

ヨーロッパは二〇世紀、第一次世界大戦（一九一四〜一八年）によって、焼け野原となってしまいました。

この反省を胸に、「これからヨーロッパで戦争が起きないようにするためには、どうしたらいいだろうか。国境があるから戦争が起きた。国境をなくして、共通のルールを設け、人が自由に行き来できるようにしたら、そもそも国と国との戦争は起き得ないのではないか」。そういう考えを持つ人たちが出てきました。

こうした欧州統合運動の先駆けとなったのが、「EUの父」と言われるリヒャルト・クーデンホーフ＝カレルギーです。カレルギーはオーストリア＝ハンガリー帝国の伯爵である父と、日本人の母のもとに生まれました。カレルギーとそのきょうだいは「欧州とアジアの子として、私たちには国という把握はなかった。世界を大陸として把握していた」といいます。

カレルギーは一九二〇年代に、ひとつの欧州を目指す思想や運動「パン・ヨーロッパ」を提唱しました。カレルギーが中心となった運動には、作家のトーマス・マンや精神科医のフロイト、理論物理学者のアインシュタインら、各界にわたる著名人も加わりました。

しかし世界恐慌（一九二九〜三三年）が起き、パン・ヨーロッパは挫折します。ナショナリズムの台頭に抗うことはできず、第二次世界大戦（一九三九〜四五年）が起きてしまいました。

史上最悪の戦死者を出した二度の世界大戦を経て、人々は平和を願い、再び「パン・ヨーロッパ」に目を向けました。しかし壮大な思想を、すぐには実現できません。そこで一九五二年にまず「欧州石炭鉄鋼共同体（ＥＣＳＣ）」をつくり、フランスとドイツの国境沿いの地域（アルザス、ロレーヌ、ザール、ルール地方）で大量に採れる石炭と、それをもとにした鉄鋼業を国際管理するところから始めました。フランスとドイツは、この地域をめぐってたびたび戦争を起こしてきたため、その原因を取り除こうとしたのです。

またフランスからすれば、ドイツが石炭と鉄鋼業で得る富で再軍備するのではないかというおそれもあり、国際的な監視をするという意図もありました。

フランス、ドイツ（当時は西ドイツ）、イタリア、オランダ、ベルギー、ルクセンブルクの六ヵ国でＥＣＳＣは始まります。そこから次第に、「関税を減らしたらどうか」「貨幣を統一したらどうか」「法律も統一しよう」と分野を広げていき、現在のＥＵに至ったわけです。これまでになかった新しい仕組みとルールで「不戦共同体」を構築できたことで、戦後八〇年近く、ＥＵの中では戦争が起きていません。過去から学び、戦争の起きない平和なヨーロッパを想像し、さまざまな難題を乗り越えて構想を実現させたからこそです。

今ＥＵ域内では、人々が自由に移動したり移住したりできます。フランスには大勢のドイツ人が住んでいるし、ドイツには大勢のフランス人が住んでいます。戦争になりようがないわけです。

過去の国境線もどこにあるのかわからなくなり、探すほうが大変だという状況です。道路に薄く消えかかった線があって、「昔はここが国境だった」とやっとわかるといった状況です。日本でいえば、県境のようなものです。東京から埼玉に住むのも、埼玉から千葉に引っ越すのも自由なように、ＥＵの中は自由なのです。

## 多様性がないと同調圧力が強まる

第１章のダーウィンの進化論を思い出してみてください。進化論は、変化する環境に対し、生物がうまく適応して変異したから生き残れたとする学説と誤解されることがあります。しかしそうではなく、いろいろな生物は、勝手にさまざまな「突然変異」をしています。その後偶然、環境が激変したときに自然淘汰が起き、かつて突然変異をしていたことによってたまたま生き延びる種が出てくる。それが進化論です。

だから、多様性が大事なのだということになります。多様性がなくみんなが同質だったら、いつかちょっと環境が変わっただけで、みんな滅びてしまいます。いろいろな変異をしておいて種の多様性を持つことで、種全体としては、生き延びられる可能性が高まります。

これは人間社会にも当てはまります。同質な人たち、同じ考え方を持つ人たちだけの会社組織では、同調圧力が強くなって自由に意見が言えなくなったり、ピンチのときに危機を脱するアイデアが出てこなかったりして、何かあったときにあっという間にだめになることでしょう。いろいろな考えを持った人たちがいてこそ、多様性があってこそ、会社というものも生き延びられるのです。

いわゆる高偏差値のエリート大学は、近年、どんどん多様性が失われてきています。東大も東工大も一橋大も、受験生に広く門戸を開いているにもかかわらず、最近は首都圏などの中高一貫校の卒業生ばかりが増えています。

すると大学までもが「同質」な人たちばかりになるのです。彼らは地元の公立小学校に通っていたときこそ、いろいろなタイプの子に出会ったでしょうが、中学からはみんな同質な、「頭がよく、教育費にお金をかけられる家庭の子」たちばかりの中にいることになります。自分とは異質な存在に出会えないとなると、変化に弱くなってしまいます。

そのため今、東工大と一橋大は同窓会が協力して地方で講演会を開き、地方の公立高校の生徒たちに、わが大学を受けてくださいというPR活動を一生懸命やっているのです。なんとか多様性を確保したいということです。

もちろん地方の公立高校も、入試を経て成績ごとには分かれています。しかし親の職種や家庭の経済環境は、首都圏ほど似たり寄ったりではありません。特に地方だと、周辺に塾や予備校がなく自分で勉強するしかなかったりと、首都圏の中高一貫校の子たちとは、やはり育ってきた環境が違うのです。

子どもも大人も、とにかくいろいろな人と出会う体験をすることが、多様性に対する想像力を持つ上でとても大事なことだと思います。

## 「サツ回り」で知った社会の裏表

多様性ということでは、私が経験した記者の仕事はまさに、多様性との出会いの連続です。

ＮＨＫの記者や全国紙の新聞記者は、会社に入るとまずは地方の支局などに勤務し、「サツ（警察）回り」をします。それぞれの地方にどんな人たちが暮らしているのかを学ぶと同時に、口の堅い警察官からとにかく話を聞き出そうとすることによって、取材力が身につくからです。

私もサツ回りで百戦錬磨の刑事を相手に話を聞き出すときは、初めはおっかなびっくりでした。

また警察では、いろいろな犯罪者とも出会います。普通に生活をしていると、犯罪者に直接会うことは滅多にありません。もちろん、会わないほうがいいものですが。

最初に配属された松江警察署では、二階の刑事課に行くと留置場があり、入り口に逮捕者の容疑だけが書かれていました。「〇号房　窃盗」「〇号房　売防」などです。売防とは、売春防止法違反という意味です。何度も逮捕されてくる犯罪者に、刑事が「なんだお前は、また捕まったのか。もういい加減に悪いことはやめろ」などと、お説教をしていたりする光景は、私も衝撃的でした。

サツ回りでは、「世の中には本当にいろいろな人がいる」ということを身に沁みて実感しました。サツ回りは極端な例ですが、ぜひあなたもこれまでに入ったことのないコミュニティに飛び込んでみるなどして、いろいろな人と出会う体験をし、多様性という視点を身につけるよう、意識してみてほしいと思います。

# 第3章

## 「タテの想像力」で未来を決めると今が変わる

### ――リミッターを外すのは楽しい！

## 1 「あったらいいな」が生み出す豊かさ

### 大正時代に想像した「百年後の日本」

想像力とは、自分ではない「他者」、ここではない「場所」、今ではない「時」などに対して、自由に思いをめぐらせる力です。そして、人々が行動する原動力になったり、道を切り開くきっかけとなったりする力なのです。

第3章では、「タテの想像力」、すなわち今ではない「時」である未来に関する想像力について、解説していきます。

人は生まれながらに想像力を持った生き物ですから、過去の人々も、未来に対して想像をめぐらせていました。

たとえば大正時代には、「百年後の日本」を想像した人々がいました（一〇七ページイラスト）。一九二〇（大正九）年、『日本及日本人』という雑誌の特集で、学者や小説家、実業家、思想家などの知識人三〇〇人以上が、二〇二〇年の日本について真剣に想像をめぐらせたのです。

## 「百年後の日本」想像図

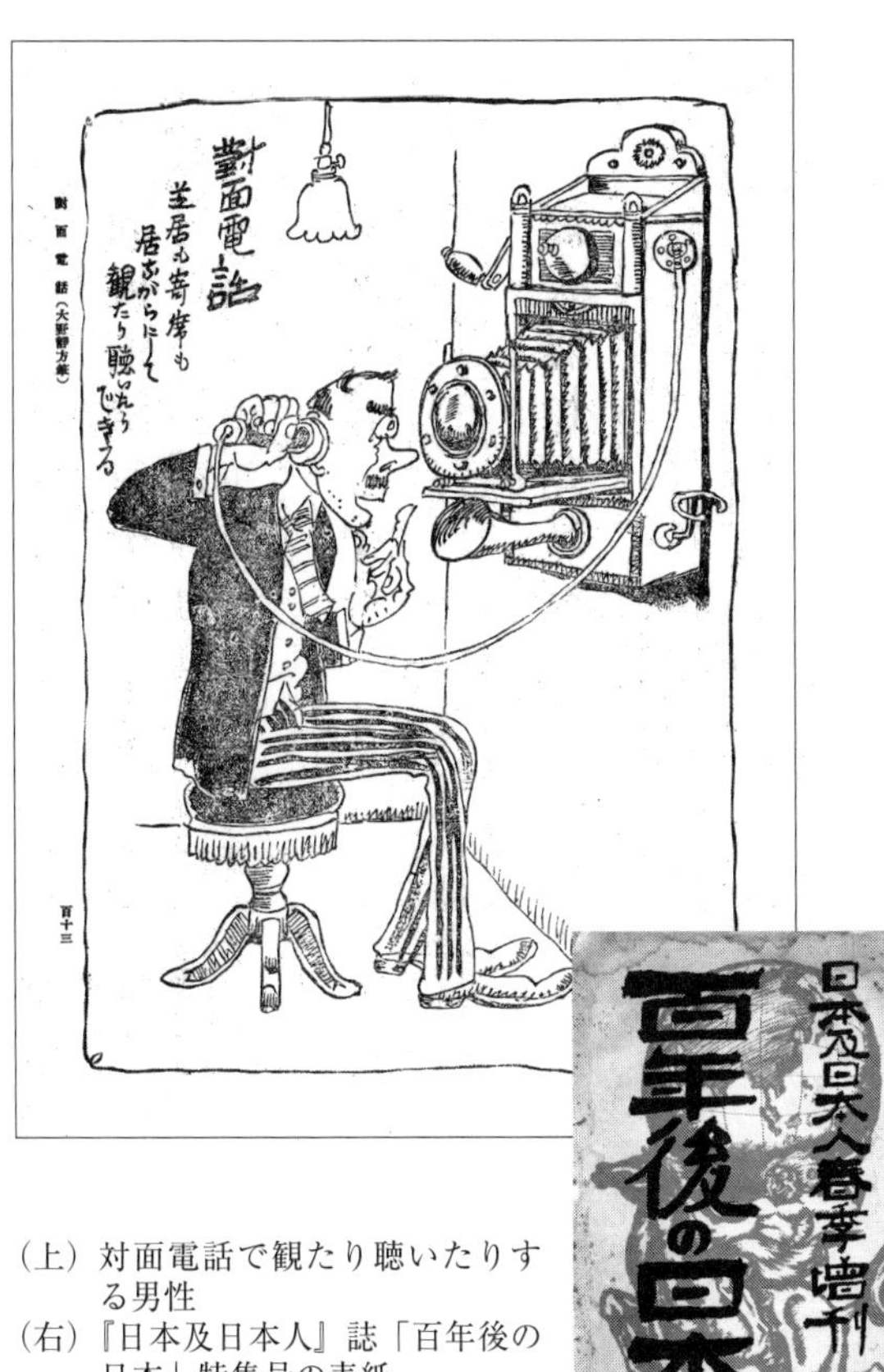


（上）対面電話で観たり聴いたりする男性
（右）『日本及日本人』誌「百年後の日本」特集号の表紙

画像提供／探検コム

たとえば、「女子の大臣　大学総長」が誕生するという、大臣や大学総長は男性が務めるのが当たり前だった時代の想像は、今実現しています。

「飛行機六〇〇人乗り」という予想もありました。この前年の一九一九年、フランスで世界初の旅客機が初飛行をしていますが、客席はたったの一二席。その五〇倍というのは、当時の人たちにしてみれば、技術的にとても困難だろうと思えた想像だったに違いありません。

前ページの想像図では、男性が大きな機械についている丸い画面をのぞきながら、受話器らしきものを耳にあてています。その横には「対面電話　芝居も寄席も居ながらにして観たり聴いたりできる」という説明書きがあります。これは現代のビデオ通話やオンライン会議、リアルタイムでの動画配信サービスなどが該当するように思います。百年前の人々の想像力は豊かだったのですね。

## みんなの「あったらいいな」で生まれた携帯電話

一九七〇（昭和四五）年には、大阪万博（日本万国博覧会）が開催されました。七七ヵ国が参加し、延べ六四〇〇万人を超える入場者が訪れました。会場には万博の象徴として、芸術家の岡本太郎がデザインした「太陽の塔」が造られ、現在も跡地の万博記念公園（大阪府吹田市（すいた）に残っています。

大阪万博は「人類の進歩と調和」をテーマに、未来に向けたさまざまな新技術が公開されました。このときに日本電信電話公社（現・ＮＴＴ）が披露したのが「ワイヤレステレホン」、いわゆる携帯電話でした。

しかしそのワイヤレステレホンは、実は数メートルほどしか電波が飛ばない微弱電波を使っていて、隣室の交換機から全国の電話網につなげる仕組みになっていました。現在の携帯電話の移動通信システムとは、大きく異なるものでした。

とはいえ、固定電話の世帯普及台数も四割に届いていなかった当時、このワイヤレステレホンは画期的な技術でした。一人当たり約三〇分の通話を無料で楽しめるということもあって人気を博し、万博の会期中の半年間で、延べ約六〇万人がワイヤレステレホンを体験しました。

この当時から、多くの人が携帯電話に対する憧れを持っていたように思います。

私が中学生だった一九六五（昭和四〇）年に、スパイが主人公のアメリカのテレビドラマ「０011ナポレオン・ソロ」が日本でもテレビ放送され、大人気でした。アメリカの架空の秘密スパイ組織に所属するふたりの主人公は、シガレットケース型やボールペン型の小さな無線機を使って、世界のどこからでもニューヨークの本部と連絡を取り合っていました。

「ドラマはフィクションなんだから、こんな便利な機械は実際にはあるわけないよな」「でも本当にこんなものがあったら、便利だな」と思いながらドラマを見ていたものです。しかし今や、スマホで世界中どこにいても連絡を取り合える時代になりました。まさに、「こんなものがあればいいのに」と多くの人が想像したものが、現実になったということです。「あったらいいな」という、未来に対する「タテの想像力」は、科学や技術を発展させる原動力になるのです。

ちなみに昭和の大阪万博では、三洋電機（現・パナソニック）の「人間洗濯機」も展示・実演されていました。ガラス張りの浴槽に入ると自動でお湯がたまり、三〇〇ものゴムボールが放出されて体をマッサージし、超音波で発生させた気泡で体の汚れを落とすというものでした。万博での見物客は多かったそうですが、毎晩これに入りたいかと問われると、あなたならどうでしょうか。私は、自分でゆっくりと体を洗って風呂につかりたいなと思ってしまいます。

実際そのように思った人が多かったのでしょう。結局この人間洗濯機の技術は、車いすの人がそのまま入れる介護浴槽の誕生にはつながりましたが、広く普及することはありませんでした。

なお二〇二五年に開催予定の大阪・関西万博では、シャワーヘッド「ミラブル」などを製造している大阪市の企業「サイエンス」が、ファインバブルという技術を使った「近未来型の人間洗濯機」を展示すると発表しています。同社の青山恭明会長は、七〇年の大阪万博で見た人間洗濯機に強く影響を受けたそうです。

## 「夢の乗り物」がついに実用化

私が子どものころ、近未来のイメージにつきものだったのが「空飛ぶクルマ」でした。一九六〇年代から三〇年近くにわたって活躍したSF作家、星新一のショートショートでは、表紙のイラストなどに、空飛ぶクルマが頻繁に登場していた記憶があります。

多くの人が「あったらいいな」と考えていた空飛ぶクルマも、間もなく実用化されるだろうという段階に入っています。日常的な移動手段として使える少人数向けの空飛ぶ乗り物として、世界の自動車メーカー、航空会社、ドローン会社などが、機体の開発競争や実証試験、制度設計に取り組んでいるのです。現実の世界でも、二〇二五年大阪・関西万博での商用運航の実現に向けて開発が進み、実証飛行も行われています。

現状の空飛ぶクルマは、電力を使って自動で空を飛び、垂直離着陸が可能な乗り物として、飛行機とドローンの中間に位置するものを指しています。正式には「電動垂直離着陸型無操縦者航空機」といい、「クルマ」ではなく航空機として分類される予定です。航空機やヘリコプターと比較して、環境性、静音性、利便性、コストなどの面で、より身近な乗り物になると見られています。

リニアモーターカーも、二〇世紀を通して世界で研究されてきた「夢の乗り物」です。日本でも一九六二（昭和三七）年に国鉄（現・ＪＲ）によって超電導方式のリニアの研究が始まり、その一〇年後には浮上走行に成功しました。車体側に超電導磁石を搭載していて、地上コイルとの磁気相互力により、一〇センチメートルほど浮上して走行するという仕組みです。いわば「飛ぶ鉄道」です。

超電導リニアは浮上して走行するため、騒音や振動も少なくなります。人を乗せた状態で時速五〇〇キロメートル以上のスピードを出すことができ、東京から大阪までの移動所要時間は、約一時間になる見込みです。また、ひとりを一キロメートル運ぶ際の二酸化炭素排出量も、航空機の半分以下に削減できると見込まれています。「飛ぶ鉄道」は、スピードと環境保全を両立する乗り物だと言われているのです。

いよいよ「リニア中央新幹線」として、二〇二七年の品川―名古屋間での一部開業を目指しています。しかし、途中の静岡県で、知事が「トンネル工事で大井川の水が失われる」「工事で出た残土の処理が問題だ」などと難色を示し、完成の見通しは立っていません。

その間に、中国では二〇〇四年に「上海リニア」とも呼ばれる「上海トランスラピッド（マグレブ）」が、世界で唯一の商業用高速リニアモーターカーとして登場しています。ただトランスラピッドはＪＲと違い、常電導磁石を使っていて、浮上距離は一センチメートル程度であり、最高速度も時速五〇〇キロメートルほどが限界だと言われています。

さらに中国は現在、超電導リニアの開発も、猛烈な勢いで進めています。中国が独自に開発した超電導リニアでの、初めての浮上運行テストに成功したとも報じられています。

二〇世紀の人々が「タテの想像力」で思い描いてきた超電導リニアを最初に実用化するのは、六〇年前から研究を続けてきた日本なのか、それとも中国になるのか。気になるところです。

## グーグル創業者の「たどり着きたい未来」

「タテの想像力」をビジネスとして成功させてきた企業といえば、アメリカの巨大ITプラットフォーム企業GAFAが代表例でしょう。彼らは、「タテの想像力」を駆使し、ITを活用した「たどり着きたい未来」を想像し、そのために着々と行動してきたのです。

たとえばグーグルは、創業者ラリー・ペイジとセルゲイ・ブリンが、「世界の情報を整理し、世界中の人々がアクセスできて使えるようにする」という目標を掲げ、インターネットの検索エンジンを作り、起業しました。インターネットの普及により、ウェブ上に急増した情報を、グーグル誕生以前には考えられなかった速度と正確さで、検索できるようになっていきました。

そしてグーグルからは、画像保存、動画の共有、メールの送受信など、さまざまなサービスが続々と無料で登場しました。当時多くの人が、「グーグルはいったい何を目指しているのだろうか」といぶかしんだものです。

グーグルはありとあらゆるものを検索できるようにするために、さらにはAIの機械学習に役立てるために、膨大なデータを集めようとしました。莫大な資金を投じてシステムを開発しつつ、それをユーザーに無料で提供し、データ収集を行っていったのです。

二〇〇五年には地図機能サービスの「グーグルマップ」が、翌〇六年には世界中の場所を3Dで見ることができる「グーグルアース」が始まりました。

グーグルマップやグーグルアースは、「世界中の情報を『地理的に』体系化し、アクセス可能で有益なものにすること」を目標にしているといいます。

グーグルアースはこの目標に忠実で、南極点の写真まできちんと掲載しています。

南極点は、少しずつずれていることをご存じでしょうか。自転する天体（地球）の最南端にあたる、南緯九〇度地点の南極点は、厳密に言うと、地震や地殻変動、南極大陸を覆う分厚い氷の「氷床」の移動などにより、少しずつずれているのです。そこで地理的に定められる南極点は、継続的に測定され、毎年元日に「ジオグラフィック・ポール」という表示が付け替えられています。そうしたこれまでの南極点すべてを、グーグルアースは写真に撮り、掲載しているのです。そんなことまでやるのか、と感心してしまいます。

今や世界中の多くの人が、グーグル頼みの生活をしています。それもこれも、「世界の情報を整理する」という夢のような未来を想像した、創業者ふたりの「タテの想像力」の賜物だと言えるでしょう。

## 「カイゼン」や「データ重視」のジレンマ

今の私たちが、百年後の未来、二二世紀の世界を想像しようとしたら、どうなるのでしょうか。

この百年でいろいろなものが実現したことで、新しい発想がなかなか生まれにくくなっているのは事実です。

近年、「デザイン思考」「アート思考」「ビジョン思考」「ＳＦ思考」など、論理性よりも直感や美意識などを重視するようなビジネス書が目立っています。その背景には、「これまでとはまったく違う、新しい観点で閉塞感を打破したい」というビジネスパーソンたちの焦りが隠れているように思います。

ビジネス界の「行き詰まり感」は、コンピューターの発展でさまざまなデータ処理が簡便になったことで、データばかりを重視するビジネスが広がったことにも起因するかもしれません。

現在「戦略デザイナー」として、直感やデザイン思考を大切にすることを提唱している佐宗邦威さんは、かつてＰ＆Ｇのマーケティング部で、綿密なデータとロジックをもとに意思決定をしていたと言います（amana INSIGHTS インタビュー、二〇一九年六月二五日）。

安定した成果も出せていましたが、成果主義のドライな競争の中で鬱状態になったそうです。そして「データに基づく意思決定がクセになり、新しいチャレンジをするようなモチベーションが薄れていく」自分に気づきます。

また仕事をすればするほど、「ゲームチェンジャー」と呼ばれるようなずば抜けた人は、数字やデータといった論理だけでは動いていないことが見えてきた、自分のような左脳的な仕事ぶりだけでは限界がある、と実感したそうです。

佐宗さんの「データに基づく意思決定」という一言こそ、今私たちが陥っているジレンマだと言えます。仕事で何かを企画しようとすると、「データはあるんだろうな？」などと、上司に必ず聞かれるわけです。

データとは、既知の事実や数値で、いわば過去の記録です。既存のものの改良版は生まれるかもしれませんが、まったく新しい「発明」は生まれないものです。

トヨタ自動車の「カイゼン」が世界で話題となったように、日本人は改善、改良、モデルチェンジは得意です。データに基づいて既存のものをよりよいものにしていきます。しかし「思いもよらない発明」は苦手です。

その結果、日本の折りたたみ式携帯電話がガラパゴスケータイ（ガラケー）と呼ばれたように、細かい機能が充実して独自の進化を遂げるも、世界標準とはかけ離れていく、といった事態が起きるのです。携帯電話からボタンをなくし、指先ひとつで操作できるなど、徹底してユーザビリティ（使いやすさ）を追求してｉＰｈｏｎｅ（アイフォーン）を構想し、その実現に向けて尽力したアメリカのアップルとは、対照的です。

## リミッターの外し方③　遊び心があるかを意識

モデルチェンジではない新しいものを生み出すには、「タテの想像力」が必要です。しかし日々の生活の中で、想像力をだんだんと働かせられなくなっていくということは、往々にしてあります。想像力を枯渇させず、上手に活用するためには、何が必要なのでしょうか。

「タテの想像力」を発揮するときにも、自分の中での想像力の「リミッター（制限するもの）」を、意識的に外していくことが大切です。

三つ目のリミッターの外し方は、子どもが持っている遊び心、いたずら心を、大人になっても持ち続けることです。

以前グーグルの日本法人を取材したとき、オフィスの中に卓球台やビリヤード台などが置いてありました。社員は就業時間中に、自由に遊んでいいのです。

自由な発想、想像力というのは、やはり自席に座ってひとりで唸っているときではなく、遊んでいるときやリラックスしているときなど、思いがけない瞬間に生まれることが多いのだろうと思います。

職種にもよりますが、就業時間どおり九時から五時まできちっと働き、一歩外に出たら仕事のことは一切考えないようにするよりも、就業時間にかかわりなく自由に働くほうが、仕事のいいアイデアも浮かぶことでしょう。

また日本企業では、社員からの新規企画などの提案に対し、「実現不可能なことばかり言うな」「もっと地に足をつけた発言をしろ」などと、頭ごなしに否定する場面があるのではないでしょうか。

転職サイトのテレビＣＭで、若手社員が「やっぱり、チャレンジしていったほうが……」と提案すると、先輩から「うちの会社じゃ無駄だって」となだめられる、というシーンがありました。別のバージョンでは、「会社や上司は何でも挑戦しろって言うけど、『前例のないことは通せない』、とも言う」と若手社員がつぶやくシーンもありました。

ひたすら「地に足のついた提案」「前例のある提案」ばかりを求めてきた結果が、今の日本の停滞感やイノベーションの少なさの、根源なのではないかと思います。

日本のビジネスに足りないのは、「突拍子もないことを言う人、遊び心のある人を大事にすること」です。今までにない発想や想像力を、広く受け止める寛容さが、日本のビジネスパーソンたちには必要なのです。

## リミッターの外し方④ 他人がやらないことをやってみる

新しいものを生み出すためには、科学における基礎研究の大切さにも目を向けるべきでしょう。

日本は国全体で基礎研究への助成金がどんどん減ってきていて、今後は特にノーベル賞などにおいて、受賞者が出なくなるのではないかと懸念されている状況です。今は「選択と集中」といって、とにかく数年後に役に立ちそうなものにしか国からの研究費が出ないという、お粗末な状況です。しかしそうした「すぐに役立つもの」は基本的に「改良」「カイゼン」であり、ノーベル賞をとるような画期的な発明にはなり得ません。

自然科学系三分野で、日本人のノーベル賞の受賞数は世界第五位です（二〇二一年までで二〇件二五人〈米国籍三人を含む〉）。それは三〇年前や四〇年前に始まった地道な基礎研究が、今になって実を結んだからです。

当時は国が研究費を「ばらまいて」いて、「下手な鉄砲も数撃ちゃ当たる」という姿勢でした。批判もあるかもしれませんが、しかし科学の研究は、何が実を結ぶか誰にもわからない、神の領域です。科学の発展のためには、研究費をばらまくしかないのです。いつかどれかが成果となり、実用化されて、投資を回収できることになるというわけです。

基礎研究の多くは、周囲から「こんな研究が何の役に立つんだ」などと批判されがちです。それでも、謎を少しずつ解明していくことで、後にすごく役に立つものが見つかることが多々あるのです。

以前取材した、二〇一六年にノーベル医学生理学賞を受賞した大隅良典さん（東京工業大学栄誉教授）は、細胞内のたんぱく質を分解する仕組み「オートファジー」を研究してきました。「細胞の中でたんぱく質をどうやって分解するんだろう」という、ただただ純粋な知的興味が研究の出発点で、自分でも「こんな研究が役に立つのだろうか」と思っていたと言います。

しかし「知りたい」という強い思いとともに、「他人がやらないことをやってみよう」という挑戦心があり、長年その研究を続けました。すると次第に、このオートファジーが、がんやアルツハイマー病の研究につながることがわかってきたのです。

この「他人がやらないことをやってみる」という挑戦心は、想像力のリミッターを外すことに寄与します。そして大隅さんは、これまで誰も想像がつかなかったことに取り組んだからこそ、世紀の発見をして、ノーベル賞を受賞するに至ったわけです。

新型コロナウイルスのワクチンとして登場した、「ｍＲＮＡワクチン」も、カタリン・カリコ博士の地道な基礎研究から生まれました。

彼女の祖国で、当時社会主義国だったハンガリーでは、次第に研究資金が削減され、研究ができなくなっていきました。そこでカリコ博士はアメリカに移住し、研究を続けます。

そのころはＤＮＡの遺伝子組換え技術が脚光を浴びていました。ｍＲＮＡを研究し続けるカリコ博士は、いろいろな研究者から「こんなもの何の役にも立たないだろう」「どうしてＤＮＡの研究をやらないんだ」と、馬鹿にされたといいます。しかしカリコ博士はｍＲＮＡの可能性を信じて、流行りではない研究を続けました。

そこに世界的な新型コロナウイルスのパンデミックが起き、突然、ｍＲＮＡが脚光を浴びました。さまざまなワクチンを瞬時に作れる技術として、世界中で急ぎ必要とされた新型コロナワクチンの製造に生かされたのです。

## 2 「未来から現在を振り返る視点」でビジネスが変わる

### リミッターの外し方⑤　未来を想像する癖をつける

想像力と言えば、ＳＦはまさに、豊かな「タテの想像力」の産物です。

こうしたＳＦに携わる作家や編集者たちなどの思考法を、「ＳＦ思考」あるいは「ＳＦプロトタイピング」としてフレームワーク化し、ビジネスに活用しようとする動きが広がっています。ＳＦの持つ力で、産業の活性化やイノベーション創出を目指すというわけです。

たとえば、五〇年先や百年先の未来を、ＳＦ作家に依頼して小説のかたちで書いてもらう。それをもとに、「そういう世界で、わが社はどういう立場にいるんだろう」あるいは「そのときまでわが社が生き残っていくためには、何が必要なんだろう」といったことを想像し、議論するのです。

夢を叶える人は、未来から現在を振り返る視点を持っていると「はじめに」で書きました。企業活動も同じだということです。五〇年先や百年先の未来を見通した上で、未来を起点として現代を振り返ってみて、今何をすべきかを考えるということなのです。これが想像力のリミッターを外すための、五つ目のポイントです。

たとえばEUは、二〇三五年にはガソリン車の発売を禁止する、ハイブリッド車も認めない、と決定しています（ただし再生可能エネルギー由来の水素と二酸化炭素で作る合成燃料に限り、エンジン車も容認）。つまり自動車メーカーは、一二年後に向けて今から電気自動車を開発しておかなければ、将来的に大打撃を受けてしまいます。そのための準備を始めておかないといけません。

ビジネスパーソンもひとりひとりがそれぞれの年齢に応じて、今後仕事をする上で自分の仕事の未来はどうなるだろうか、自分が所属している会社の未来はどうだろうかということを、常に考えておく必要があります。

二五歳の人は、三〇年後は五五歳で、まだまだ働き盛りです。転職していなければ、今の会社で自分はどういうポジションになっているだろうか、仮に経営層へ昇進していたとして、会社はどういうふうになっているだろうかと考えてみる。

あるいは、現在「この会社に入ったのは失敗だったな」と思っているとしたら、これからどういう職業に転職して、その職業は三〇年後どうなるのだろうかと想像してみる。そういう癖を身につけておくといいでしょう。

「そんな先のことはわからないよ」と思うのはもっともです。しかし「そんな先のことを想像したって、意味がないよ」と思うのは間違いです。

たとえば、三十数年前の世界時価総額ランキングを見てみてください（一二六〜一二七ページの表）。一九八九（平成元）年、日本がバブル景気の真っただ中だったころ、ランキング上位二〇社のうちの一四社が日本企業でした。それから三四年、二〇二三年のランキングでは、日本企業はひとつも入っていません。多くの会社が入れ替わっていったのです。

一四社の変遷を簡単に述べましょう。八九年の世界時価総額ランキング一位は、民営化された後のＮＴＴでした。しかし電気通信サービスの公正な競争の促進を図るため、九九年に持株体制へ移行し、ＮＴＴ東日本、ＮＴＴ西日本、ＮＴＴコミュニケーションズが設立されました。

二位から五位、七位、一三位の六社は銀行で、九一年のバブル崩壊による不良債権処理問題、日本版金融ビッグバンなどを経て合併が進み、当時のままの姿で残っているところはありません。

九位の東京電力は、二〇一一年の東日本大震災による福島第一原発事故、一六年の電力自由化などで、厳しい状況にさらされています。

# [2023年]

| 順位 | 国名 | 社名 |
|---|---|---|
| 1 | アメリカ | アップル（Apple） |
| 2 | アメリカ | マイクロソフト（Microsoft） |
| 3 | サウジアラビア | サウジアラムコ（Saudi Arabian Oil） |
| 4 | アメリカ | アルファベット（Alphabet） |
| 5 | アメリカ | アマゾン・ドット・コム（Amazon.com） |
| 6 | アメリカ | バークシャー・ハサウェイ（Berkshire Hathaway） |
| 7 | アメリカ | エヌビディア（NVIDIA） |
| 8 | アメリカ | メタ・プラットフォームズ（Meta Platforms） |
| 9 | アメリカ | テスラ（Tesla） |
| 10 | フランス | LVMH モエ・ヘネシー・ルイ・ヴィトン（LVMH Moet Hennessy Louis Vuitton） |
| 11 | アメリカ | エクソンモービル（Exxon Mobil） |
| 12 | アメリカ | ビザ（Visa） |
| 13 | アメリカ | ユナイテッドヘルス・グループ（UnitedHealth Group） |
| 14 | アメリカ | ジョンソン&ジョンソン（Johnson & Johnson） |
| 15 | 中国 | 騰訊控股（Tencent Holdings） |
| 16 | 台湾 | 台湾積体電路製造（TSMC:Taiwan Semiconductor Manufacturing） |
| 17 | アメリカ | ウォルマート（Walmart） |
| 18 | アメリカ | JPモルガン・チェース（JPMorgan Chase） |
| 19 | デンマーク | ノボ・ノルディスク（Novo Nordisk） |
| 20 | アメリカ | イーライリリー（Eli Lilly） |

出典　Wright Investors' Service, Inc.
2023年4月28日時点

# 表　世界時価総額ランキング比較

## [1989年]

| 順位 | 国名 | 社名 |
|---|---|---|
| 1 | 日本 | 日本電信電話（NTT） |
| 2 | 日本 | 日本興業銀行 |
| 3 | 日本 | 住友銀行 |
| 4 | 日本 | 富士銀行 |
| 5 | 日本 | 第一勧業銀行 |
| 6 | アメリカ | アイ・ビー・エム（IBM） |
| 7 | 日本 | 三菱銀行 |
| 8 | アメリカ | エクソン（Exxon） |
| 9 | 日本 | 東京電力 |
| 10 | イギリス | ロイヤル・ダッチ・シェル（Royal Dutch Shell） |
| 11 | 日本 | トヨタ自動車 |
| 12 | アメリカ | ゼネラル・エレクトリック（General Electric） |
| 13 | 日本 | 三和銀行 |
| 14 | 日本 | 野村證券 |
| 15 | 日本 | 新日本製鐵 |
| 16 | アメリカ | エー・ティー・アンド・ティー（AT&T） |
| 17 | 日本 | 日立製作所 |
| 18 | 日本 | 松下電器産業 |
| 19 | アメリカ | フィリップ・モリス（Philip Morris） |
| 20 | 日本 | 東芝 |

出典　米ビジネスウィーク誌（1989年7月17日号）「THE BUSINESS WEEK GLOBAL 1000」より
＊社名は当時のものです。

一四位の野村證券は、一九九九年に株式売買委託手数料が自由化されたことで、ネット証券に利益が侵食されていきました。

バブル期には膨大な土地の含み益もあった一五位の新日本製鐵は、外国メーカーの台頭や原材料費の高騰に苦しみ、かつての粗鋼生産量世界首位から徐々に後退。業界大手のアルセロール・ミタル（本社ルクセンブルク）による敵対的買収の脅威にさらされたこともあり、二〇一二年に住友金属工業と合併して「新日鐵住金」となり、その後一九年に社名変更して「日本製鉄」となっています。

一七位日立製作所、一八位松下電器産業（現・パナソニック）、二〇位東芝という大手電機メーカー三社は、一九九〇年代から二〇一〇年代にかけて世界的な薄型テレビ競争に敗れ、スマホや有機ELディスプレイなどの開発や次世代テクノロジー競争に乗り遅れてしまいました。

そして東芝は、二〇一五年の不適切会計の発覚以来、八年間もの迷走を続けた挙句、今後は上場廃止での経営再建を目指す予定です。

日立製作所に関しては、二〇〇九年三月期に製造業として過去最悪の赤字を計上して以降、事業の選択と集中を進めました。情報通信、電力、インフラなどに経営資源を集中させる一方で、テレビやハードディスクドライブ（ＨＤＤ）など非中核とみなした事業からの撤退・縮小を決断したことで、一一年三月期には純利益が過去最高となるなどV字回復をしています。

現在の日本企業の時価総額トップは、一九八九年時点で世界一一位だったトヨタ自動車です。しかし残念ながら、今年二〇二三年四月末には世界五七位と、トップ五〇からも陥落してしまいました。

このように大企業も、三四年の月日のあいだに、大きく変化していくのです。今三〇代以下のあなたは、あなたが定年退職を迎えるころまでに今いる会社や仕事がどうなっているのか、想像しておくべきだと言えるでしょう。

環境の変化の中で自分の人生をよりよくしていくためにも、未来を想像する癖をつけておくことは、無駄にはなりません。そういう癖をつけるための訓練として、知識を身につけたり、ニュースなどで日本や世界の状況を知ったりすべきです。ＳＦ思考などの方法も役立つでしょう。

## 先進各国の軍隊がSF小説で思考実験していた

ＳＦ思考を活用しているのは、ビジネスパーソンだけではありません。イギリスやアメリカ、カナダ、オーストラリア、フランスの各軍も、ＳＦ小説を使った思考実験を実施しています。急速に発展する技術によって、未来がどうなるのか。それを想像するための、「フィクショナル・インテリジェンス（架空の諜報）」に対する需要が生まれているというのです。

イギリス国防省は、未来の戦争に関する短編小説の執筆をアメリカのふたりのＳＦ作家に依頼し、二〇二三年二月にその短編集を公表しました。序章では、同省の首席科学顧問が「国防における洞察力を磨き、イノベーション（革新）をさらに刺激するために、ＳＦの創造性とビジョンを生かす必要がある」と記しています。

ＳＦ作家は、イギリスの軍事史を徹底的に調べ、現役の軍人へのヒアリングに膨大な時間を費やしたそうです。そうして得た事実に基づき、感情に訴える物語を書き上げました。

特殊なコンタクトレンズで司令部の指示を読み、痛みを緩和するボディスーツを着た兵士の物語や、環境問題を背景として、化石燃料の生産を維持したい石油会社が傭兵を雇い、ナイジェリアの内紛に関与する物語などです。

ただしもちろん、ＳＦ思考であらゆる未来が予測できるというわけではありません。

金融業界の用語には、「ブラックスワン」と「灰色のサイ」と呼ばれる事象があります。

ブラックスワンとは、従来白鳥は白いと信じられていたのに、オーストラリアで黒い白鳥が発見され鳥類学者の常識が大きく崩れたことにちなみ、「まったく予想外に起き、人々に多大な影響を与える事象」のこと。そして灰色のサイとは、普段おとなしいサイがいったん暴走すると手をつけられなくなるように、「将来的に大きな問題となる可能性が高いけれども、現時点では軽視されがちな潜在的リスク」のことです。

ＳＦ思考は、ブラックスワンを予測するためには有効な手法である一方、灰色のサイを想像することは難しいと言われています。

## ＧＡＦＡＭ創業者のお気に入りのＳＦ小説

政財界で活躍している著名人には、ＳＦ好きが多いと言われています。

ＳＦのよさとは、想像もつかない世界を追体験できることです。それに加えて、「愛は不変」などといった「お約束」が意外とあるのも、ＳＦを楽しむポイントかもしれません。壮大な世界観だからこそ、登場人物の心の動きには、読者の納得感が出るよう「定番」が求められるのでしょう。

GAFAMの創業者には全員、お気に入りのSF小説があるそうです。グーグルの創業者ラリー・ペイジとセルゲイ・ブリンは、『スノウ・クラッシュ』（ニール・スティーヴンスン、日暮雅通訳）を読んで、グーグルアースの開発に影響を受けたそうです。一九九二年にアメリカで発表された『スノウ・クラッシュ』は、三次元の電脳仮想世界（メタヴァース）も舞台にしており、現在の「メタバース」ビジネスの礎（いしずえ）ともなったSF小説です。

作中のアメリカは、経済力が世界最低水準に落ち込み連邦政府が無力化、代わりに世界の資本家が各地に「フランチャイズ国家」を設立しており、人々は現実世界と、アヴァターを使って入るメタヴァースの世界を行き来している状況です。作中に登場するソフトウェア「アース」は、あらゆる地理空間データなどを追跡するために開発されたもので、これが現在のグーグルアースとよく似ています。

他にも、社名をメタヴァース由来のメタに変更した、フェイスブック創業者のマーク・ザッカーバーグは、『エンダーのゲーム』（オースン・スコット・カード、田中一江訳）、『三体』（劉慈欣、立原透耶監修、大森望他訳）を愛読しているそうです。

アップル創業者のスティーヴ・ジョブズは、映画『２００１年宇宙の旅』に影響を受けて音声アシスタントの「Ｓｉｒｉ（シリ）」を開発しています。

一方、音声アシスタント「Ａｌｅｘａ（アレクサ）」を生み出したアマゾン創業者ジェフ・ベゾスもＳＦファンを公言しており、アレクサにはテレビドラマ・映画の『スタートレック』が影響しているとのこと。また電子書籍「Ｋｉｎｄｌｅ（キンドル）」は、『ダイヤモンド・エイジ』（ニール・スティーヴンスン、日暮雅通訳）に影響を受けたといいます。

そしてマイクロソフト創業者のビル・ゲイツは、『七人のイヴ』（ニール・スティーヴンスン、日暮雅通訳）を絶賛しているそうです。

私も中学生のころにＳＦに熱中しましたので、気持ちはよくわかります。当時はフレドリック・ブラウンのショートショートをよく読みました。また『スタートレック』のファンを指す「トレッキー」でもあります。元アメリカ合衆国大統領のバラク・オバマや、台湾のデジタル担当大臣オードリー・タンもトレッキーだそうです。

ＳＦを普段から読んだり見たりすることで、思考が柔軟になったり、想像力が豊かになったりするという効能はあると思います。

Ｔｅｓｌａ（テスラ）創業者で、Ｔｗｉｔｔｅｒ（ツイッター）を買収したイーロン・マスクもＳＦファンで、テスラで完全な電気自動車を開発するにあたり、「自分は地球温暖化から、地球と人類を救う」という使命感で取り組んだといいます。

膨大なお金がかかりましたが、今やテスラは時価総額でトヨタを追い抜きました。トヨタはガソリンエンジンの性能が素晴らしい一方で、世界のEV化の流れを完全に見誤ってしまいました。

かつての電気自動車は、蓄電池（バッテリー）の性能が悪く、蓄電池が大きくなりすぎるという欠点がありました。そこでトヨタは、ハイブリッド車や水素車などの開発に注力しましたが、その分電気自動車の開発競争ではおくれをとってしまい、今は懸命に追いつこうとしています。

現在はバッテリーの性能が向上したことで、電気自動車が実用化されてきています。電気自動車には日本車メーカーの高性能なガソリンエンジンの技術は不要で、バッテリーの品質さえよければいいわけです。どの国のどんなメーカーでも、ゼロから簡単に造ることができます。

トヨタの「カイゼン」は、結局どこまでいっても改善で、発明にはなりません。イーロン・マスクが、壮大なSF的使命感を持って、「タテの想像力」を発揮したこと、EVに対する本気度が違っていたことが、現在のテスラとトヨタの差に影響してしまったと思います。

イーロン・マスクの例は、まさに想像力が「行動の原動力」になっている好例だと言えます。

ちなみにイーロン・マスクは大富豪になり一時は豪邸に住んでいましたが、現在は極小のプレハブ住宅に住んでいるといいます。将来、月か火星に住む計画のため、地球においては小さな家で十分だというのです。さすが、航空宇宙メーカー「スペースX」の創業者として、「火星の植民地化を可能にする」という目標を掲げているだけあります。

## 日本人のSF心を育んだ鉄腕アトムやドラえもん

日本人はマンガやアニメ作品を通して、SFに親しんでいると言われます。

日本の自動車工場は機械化が進み、溶接や組み立てなどを担っていますが、こうした機械をロボットと呼ぶ上、人間の名前をつけているところが多いのです。

日本は手塚治虫の『鉄腕アトム』の時代からロボットに親しんでいるため、ロボットを人間と敵対する存在だと考えず、人間を助けてくれる、愛着を持つ存在だと捉える傾向にあるといいます。欧米人は日本人と異なり、ロボットに対しては愛着だけではなくおそれなどもまじった、もっと複雑な感情を抱いているようです。

ソフトバンクの孫正義さんの肝煎りで開発された人型ロボット「ペッパー」は、二〇一四年に登場しました。ペッパーは、最新の音声認識技術や人の感情を推定する感情認識機能を搭載するなどコミュニケーションに特化し、「自分の意思で動く世界初のロボット」として大々的に発売されました。孫氏は小さいころに『鉄腕アトム』を見ていて、アトムのように感情を持てるロボットができたらいいなとずっと思っていた、とペッパー発表の場で明かしていました。

日本を代表するマンガ家、手塚治虫さんが生み出したロボットマンガ『鉄腕アトム』は、一九五二（昭和二七）年から六八年にかけて連載され、私が小学生のころに大流行していました。二一世紀の未来を舞台に、人間と同等の感情を持つ一〇万馬力のロボット少年・アトムが、人間の味方として悪に立ち向かい、活躍します。

もうひとつ大人気だったマンガが、『鉄人28号』です。若い人たちはあまり知らないかもしれません。超大作マンガ『三国志』や『魔法使いサリー』などで有名な横山光輝さんによって、一九五六（昭和三一）年から約一〇年にわたって雑誌に連載され、アニメ化や実写ドラマ化もされました。

主人公は少年探偵の金田正太郎で、その父である金田博士と同僚の敷島博士らが、太平洋戦争中に鉄人を開発し、失敗に失敗を重ねてついに完成したのが二八番目のロボット、「28号」です。鉄人28号はアトムと違い、リモコンが悪の手に渡ってしまうと、突然、悪の手先になってしまうという設定です。

こちらのほうが、現在のリアルな「ロボット像」だと言えます。ドローンもＡＩも、科学技術は私たちに便利なものにもなれば、争いや分断の道具にもなるのと同じです。

その後一九六九（昭和四四）年に生まれた、藤子・Ｆ・不二雄『ドラえもん』も、国民的な人気のあるＳＦマンガで、今も新作アニメが放送されています。二二世紀から来たネコ型ロボットが、未来の「ひみつ道具」を使い、主人公ののび太くんを助けてくれます。

ドラえもんのひみつ道具も、いいようにも悪いようにも使えます。人間の倫理観が試されるエピソードがよくありますね。「アンキパン」は、パンに暗記したい内容を転写して食べると丸暗記ができるひみつ道具です。試験前には欲しいですが、そんなズルをしていいのか、という問題があります。

「どこでもドア」が欲しいと思ったことがある人は、たくさんいるでしょう。ただしどこでもドアを使うには、おそらく空間を歪めないといけませんから、「タケコプター」よりも実現は相当難しそうです。

『スタートレック』でも、宇宙のどこかで事件が起きると、宇宙船がワープ・ドライブという技術で、空間を歪ませて光速以上の速さで移動します。アインシュタインの一般相対性理論では、光より速く動くことはできないとされていますが、物体を動かすのではなく、その物体の周りの空間と時間、すなわち時空を歪曲させるのです。子ども心に「なんて便利なんだ」と憧れたものです。

ＮＡＳＡ（アメリカ航空宇宙局）によると、ワープ航法の存在はまだ実証されていないものの、その理論は物理学の法則に反してはいないそうです。

## 私の想像力の「メンター」になったSF作家

私の想像力における「メンター」は、中学生のころにハマったＳＦ作品を生み出してくれた、作家たちかもしれません。彼らは非常に想像力豊かで、ときに奇想天外、ときに予言のような未来を見せてくれ、考えることの楽しさと大切さを教えてくれました。そしてその作品群によって、私の想像力のリミッターを外してくれたと感じます。

小松左京や光瀬龍、アメリカのフレデリック・ブラウン、アーサー・Ｃ・クラークなどが描く未来像は、まさに想像力の産物で、本当にすごいなと感じていました。

ＳＦ小説では、百年後の未来どころか、千年後、二千年後、三千年後の宇宙などについて想像されています。アイザック・アシモフの『銀河帝国の興亡』シリーズは、一万二千年にわたって栄えた銀河帝国の衰退と、新たな集団「ファウンデーション」の興りを描いています。

ちなみに当時、ソ連や東欧などのＳＦ作家が描く小説の舞台は、地球から遠く離れた惑星などでした。

たとえばポーランドのＳＦ作家スタニスワフ・レムが一九六一年に発表した『ソラリスの陽のもとに』は、生物のいない広大な海に覆われた惑星ソラリスが舞台です。その観測ステーションにいる隊員たちの前には、彼らの深層心理に強い痕跡を残している人物が実体を持って現れ、異常な心理状態になっていきます。原因究明のために送り込まれた心理学者のケルビンもまた、目の前に自殺した恋人が現れ……。種明かしをすると、この現象は、単一の生命体で高度な知性を持つ「ソラリスの海」が行っていた、という物語です。

なぜソ連や東欧のＳＦ作家が未来の地球を舞台にしなかったのかというと、ソ連はマルクス・レーニン主義の社会主義のもとで、「これからの世界は必ずマルクス・レーニン主義が勝利する、すべての国家がソ連のような社会主義の国になる」という思想だったため、自由に未来を想像できなかったからです。未来の地球を描く際には、世界中が社会主義国家になっていると描かなければならない。自由に想像した世界を描くことができなかったので、地球から遠く離れた、どこかの惑星の話を描くしかなかったのです。

この話を聞いたときには、大きな衝撃を受けました。ソ連などの社会主義国は、想像力を自由に発揮できない国なのだというわけです。改めて、そういう社会体制は間違っているのではないかと思ったものです。一方で作家たちは、そうした制約の中でも想像力を発揮し、名作を生み出しました。

日本では二〇一九年に刊行された中国発のSF小説『三体』が、世界的に大ヒットをしました。未来の地球に異星人が襲来する話ですが、よく読むとこの『三体』の描く未来の地球は、今の中国のような社会主義の社会体制が発展した状態です。あちこちに共産党風の組織の名前が出てくるのです。つまり、「中国共産党の目標とする未来が実現した地球において、異星人とどう戦うか」という話であるため、中国で発売禁止にならずに済んだというわけです。

## リミッターの外し方⑥ 好きなものにとことんはまってみる

関西学院大学三田（さんだ）キャンパスでは、理系の学生たちに社会や科学技術に対する幅広い視野を持ってもらおうと、一二冊もの本を読んでもらい一〇〇分一四コマで議論をするという特別講義を行っています。

二〇二二年に選んだ書籍の一冊が、前述の『SFプロトタイピング　SFからイノベーションを生み出す新戦略』（宮本道人、難波優輝、大澤博隆編著）でした。

『SFプロトタイピング』には、いわゆる「中二病（思春期に特徴的な、過剰な自意識やそれに基づくふるまい）」だったり、「これできたら面白いじゃん」という子どものような考えのまま大人になったりしている人が、スタートアップには多い、と書いていました。

「培養肉」の製造企業「インテグリカルチャー」の羽生雄毅さんは、もともとSFやアニメなどが好きで、「宇宙でフラスコの中で肉を作っているSF的イメージ」を実現したくて起業したという人です。「培養肉は将来、宇宙でこういうふうに活用される」というCGアニメーションのイメージ動画まで作り、培養肉を開発する前にそれを公開したといいます。今まさに培養肉の量産技術を磨いており、二三年には「人工フォアグラ（食べられるアヒル肝臓由来細胞）」の培養に成功しました。

イーロン・マスクやスティーヴ・ジョブズなどの逸話を聞くにつけても、スタートアップの人たちはどこか子どもっぽい無邪気さがあり、ひとつのことに熱中するオタクっぽい面があると感じられますね。

八〇人以上のノーベル賞受賞者を輩出しているアメリカのマサチューセッツ工科大学（ＭＩＴ）は、「ギーク（オタク）であることに誇りを持て」と奨励しています。ＭＩＴグッズを売るお土産物屋にも、その言葉を印字したマグカップなどを売っています。

さらにＭＩＴらしいなと思ったマグカップは、「旧約聖書」の最初の一節「神が光あれと言った、そして光があった」という言葉のあいだに、光に関する方程式（光は電磁波の一種であるため、電磁気現象を表すマクスウェルの四つの方程式）を書いているものでした。なるほど、ＭＩＴの人たちが聖書を読むとこうなっちゃうのか、と感心してしまいました。

子どもっぽさのある人々やオタクの人々は、想像力を駆使して、これからの時代の突破口をつくってくれるように思います。

彼らを参考に、六つ目の「リミッターの外し方」として、好きなものにとことんはまってみること、思いきり夢中になってみることをおすすめします。

私もＳＦ小説や『スタートレック』にはまったことで、想像力のリミッターを外すことができたというのは、前述のとおりです。

また私は、スパイ小説にもはまっていました。中学生のころには、イアン・フレミングの『００７』シリーズに熱中したものです。その後も、『寒い国から帰ってきたスパイ』（ジョン・ル・カレ、宇野利泰訳）や『消されかけた男』（フリーマントル、稲葉明雄訳）などのスパイ小説を読んでは、驚愕したり、震撼したり、ドキドキ、ワクワクしたものです。

スパイ好きが高じて、『世界史を変えたスパイたち』という本も書いてしまいました。これはジャーナリストの増田ユリヤさんと始めたＹｏｕＴｕｂｅ（ユーチューブ）チャンネルで、テレビではなかなか取り上げられないオタクな話を紹介しているうちに生まれた、「世界のスパイ」という回をベースにしています。

歴史の裏側で暗躍しているスパイについて知ると、教科書などで知っているつもりだった現代史について、認識が大きく変わるものです。これもリミッターが外れる経験ということですね。

## リミッターの外し方⑦　違う発想を持つ人たちと交流する

『ＳＦプロトタイピング』を題材にした授業の際、ある学生が、「自分は小学生のときに『月に建設する家』を研究したいという夢を持っていました」と発言していました。他の学生たちからは、「そんな壮大なことを考える人が、同じ教室にいるんだ」という驚きの声があがったものです。すごい、自分にはそんな発想がなかったな、という反省の意も込めての驚きです。こうした、一見突拍子もない発想をする人こそが、これからの時代には貴重な人材となるでしょう。そしてそういう人を嘲笑ったりせず、素直に受け入れる学生たちの姿勢も、素晴らしいと思いました。

まさに人と人との出会いが起こす「化学反応」で、これぞ、集団で学ぶことの醍醐味です。みな、想像力を大いに刺激されたと思います。

これが七つ目のリミッターの外し方です。自分とは「違う発想を持つ人たちと交流する」ことで、自分の中にある無意識のリミッターを外すための、気づきをもらうことができるでしょう。

なおこの「月に建設する家」という夢は、実は現実的に考えてもいい視点です。二〇二〇年代後半に日本人宇宙飛行士の月への上陸を目指す、というＪＡＸＡ（宇宙航空研究開発機構）の計画が話題ですが、さらに今後は月の開発が進んでいき、月に基地を造る時代が本当に来るかもしれません。

宇宙や月面では、宇宙飛行士は大量の放射線をダイレクトに浴びます。

宇宙放射線には主に二種類あり、「銀河放射線（銀河宇宙線、宇宙線）」という、銀河の中の超新星残骸からやってくる高エネルギーの粒子や、「太陽風」という太陽から放出されてくる電磁波や粒子などがあります。また「太陽フレア」という太陽表面での爆発現象が起きたときは、向きによっては通常の一〇〇倍から一万倍もの強い放射線が降りそそぐことになります。

地球上の場合は、地球の磁場が、帯電した粒子線（放射線の一種）の多くを地球から逸らしてくれていたり、そこを通り抜けてきた放射線についても、地球の大気がその威力を減らしてくれたりしています。地球の地表付近では、一人当たりの年間被曝線量は二・一ミリシーベルトです。

しかし月面は固有の磁場がほとんどなく、大気もないために、放射線レベルは年間一〇〇〜五〇〇ミリシーベルトと推定されています。そのため宇宙飛行士はがんになるリスクが高まるなどと言われており、宇宙飛行士はみな、それを承知の上で宇宙を目指しています。

そうしたリスクを軽減する、月面で放射線を遮る家ができれば、いずれ月に人が住むようになったときに役立ちます。

また地球の磁場の強度は近年弱まってきており、過去二〇〇年で九パーセント低下し、南大西洋上や南米の東側に地磁気が弱い領域ができていることがわかっています。地磁気が弱い領域では、強力な放射線にさらされます。現時点では地上への影響は確認されていませんが、国際宇宙ステーション（ＩＳＳ）が近くを通るとき、そのレーザー観測装置に異常が起きたりしています。

今後は、地上でも放射線が強くなり、人々の健康を害するような事態も起きるかもしれません。そのとき、放射線を遮る家が造れるようになっていれば、多くの人を救える可能性があります。

「月の家」の研究なんて突拍子もない、と感じるかもしれませんが、新技術というものは、意外なところで役立つようになったりするものです。

日本初の南極観測基地「昭和基地」の技術が好例です。昭和基地を一九五七（昭和三二）年に造る際には、多くの挑戦と新技術の開発がありました。

日本の基地候補地の気象条件もまったく不明だったため、最大風速は秒速八〇メートル、最低気温マイナス六〇度が想定されました。また、作業期間も南極の短い夏の時期である一二月から二月のみであり、その上建設機械も持ち込めず、建設作業の経験のない観測隊員で建てるしかないという、厳しい条件ばかりでした。そこで、あらかじめ日本の工場で木質パネルを造って南極へ運び込み、現地ではパネルを金物（コネクター）で結合することにしました。

日本建築学会が設計し、竹中工務店が開発したこの建物が、日本初のプレハブ住宅となったのです。この技術が進み、一般の住宅でも、木材の柱・梁構造で一から建てる在来工法から、ある程度工場で造ったものを現地に持っていき組み立てる、「パネル工法」が普及していきました。

## 宇宙エレベーターの研究が進行中

「月に建設する家」以上に、奇抜な研究も日本で進んでいます。「宇宙エレベーター」です。冗談や夢物語ではなく、関西学院大学の理学部物理・宇宙学科をはじめとしたさまざまな大学で、教員や学生たちが研究をしています。さらには総合建設会社の大林組も、二〇一二年に宇宙エレベーター構想を発表し、実現に向けて真剣に取り組んでいます。

国際宇宙ステーションを造るために、いちいちロケットを打ち上げるのは大変です。そこで宇宙エレベーターを造って、いつでも物資を運べるようにしようというのです。太陽光発電が利用できれば、エレベーターを動かす電力も問題ありませんし、地球でも電気を利用できます。

宇宙エレベーターの仕組みは、静止衛星のイメージです。静止衛星は、自転している地球と同じ周期で回り続けることで、地上からは静止しているように見える衛星です。宇宙エレベーターもこの原理で、地上から突き出したエレベーターのケーブルの先端が、地球の自転に合わせて回転するのです。

理論的には実現可能と言われる宇宙エレベーターは、軽くて強い素材「カーボンナノチューブ」が一九九一（平成三）年に日本で発明されたことで、より実現可能性が高まったと考えられています。

ただ実現までには、まだまだ膨大な研究が必要だといいます。たとえば現在、カーボンナノチューブは一〇センチメートルから数十センチメートルのものしか製造できません。宇宙エレベーターに必要な九万六〇〇〇キロメートルの長さにまで、短いカーボンナノチューブどうしを接合できるような技術が発見される必要があります。このカーボンナノチューブの耐久性については、国際宇宙ステーション（ＩＳＳ）の「きぼう」日本実験棟で実験が進められています。

ただし、地球の周りには、ＩＳＳや、一万基を超えるおびただしい数の人工衛星が飛んでいます。宇宙エレベーターの長いケーブルが、それらに干渉せずに回り続けることができるのか、ということも問題になっています。

突拍子もない、小学生の夢物語のようなことですが、いつか叶えられるかもしれません。

## 3 「やりたい」が起点のスタートアップに注目

### そんなことをビジネスに⁉

あっと驚くようなアイデアといえば、日本のスタートアップ業界にも、今後注目の企業や創業者たちがいます。最近は、「起業をする」という選択肢が身近になっているのだなと実感します。東大や東工大などの学生も、大学在学中や卒業直後などに、続々と起業していきます。

テレビ東京「特命！ 池上ベンチャーズ」という番組には、農家と消費者を直接つなぐECサイト「食べチョク（社名・ビビッドガーデン）」の秋元里奈さん、製造業の受発注プラットフォームを作った「キャディ」の加藤勇志郎さん、個人の「スキル」を売買するサイトを運営している「ココナラ」の南章行さんなど、多くの起業家に出演してもらいました。話を聞いていると、「そんなことをビジネスにしたの⁉」という驚きがたくさんありました。

起業をする人たちは、若い人ならではの新鮮な想像力を上手に活用していて、日本の未来は明るいなと、心強く感じたものです。番組は二〇一九年から不定期で放送していますが、コロナ禍を経て社会の需要が変わり、急成長したスタートアップ企業もたくさんあります。

面白い起業家として、「イノカ」の高倉葉太さんも挙げられます。世界で初めてサンゴの人工産卵を成功させ、都市部の海岸にサンゴ礁を再現する技術「環境移送技術」を確立したのです。

彼は起業家になろうと、次世代イノベーターが集う私塾に参加していたころ、多数のスタートアップ企業の立ち上げを手掛けてきた丸幸弘さん（「リバネス」ＣＥＯ）と出会い、多くのアドバイスをもらいました。

丸さんからは、「コンサルをするとか、アプリを作るとか、社会のトレンドを追うとかではなくて、本当に革新的で新しい事業かどうか、また、しっかり本質を見てるかどうか」が、世界を変える経営者として大事だと教えられたといいます（MAKERS UNIVERSITY／塾生インタビュー）。

確かに、優秀な若者が人気職種とはいえコンサルタントやアプリ開発に大勢流入するのは、私ももったいないように感じます。東大を出て外資系コンサルティング会社に入る人たちは、毎年たくさんいますが、社会での実経験のない人が百戦錬磨の経営層を相手にロジックを説くというのも、果たしてどれだけのことが言えるのだろう、と思ってしまいます。

アップルのような家電メーカーをやってみたいと漠然と思っていた高倉さんは、丸さんのアドバイスを聞いて、自分の本当に好きなもの、「アクアリウム」にかかわる起業はできないかと考え、人工サンゴにたどりついたのです。そして今は「海を見える化し、人々の関心を高め、『人と自然が共生する世界』を実現すること」を目指しています（「ソトコトオンライン」インタビュー、二〇二三年一月一六日）。

## リミッターの外し方⑧ 将来何が必要かを冷静に俯瞰する

私の東工大の教え子で、総合電機メーカーに入社した学生がいました。そこで何をやりたいのか聞いたところ、「原子力の研究をしたい」と言います。

東日本大震災と、福島第一原発事故の後でしたから、「どうしてそんなことをやるんだ」と思わず聞いたら、「先生はいつも『世のため人のためになる仕事をやれ』って言っていたじゃないですか。これからは脱原発で、原発の廃炉をどう進めるのかがきっと大きな問題になっていきます。技術者の原発離れが進む中で、誰かが廃炉の技術を確立しなければいけないのだから、自分がそれをするためにこの会社を選びました」と言われました。

使命感を持って、「タテの想像力」を駆使し、これからの時代には何が必要とされそうか、自分のこれからの仕事をどうすべきかを、冷静に俯瞰して進路を決断したこの学生には、感心しきりで、頭の下がる思いでした。彼もまさに、想像力のリミッターを上手に外すことができたのです。

「世のため人のため」という言い方はちょっと古めかしいですが、しかし「社会貢献をしよう」という意識は、昔に比べるとかなり高まっていると実感します。第2章で解説した「ヨコの想像力」の豊かな人たちが増えてきているということです。とてもいいことで、これはある意味、「ゆとり教育」のおかげかもしれません。

二〇〇二（平成一四）年から一一年のあいだに行われた義務教育は「ゆとり教育」と呼ばれていて、ゆとり教育を受けた世代（二三年夏時点で、一九歳から三六歳）を「ゆとり世代」と言いならわしています。

それまでの教育は、「学生はこれをやらなければいけない」という枠をはめ、カリキュラムを詰め込むスタイルでした。ペーパーテストの点数で、出来、不出来が決まるものでした。そうした枠を取り払って、限られた授業時間で詰め込むのではなく、できる限り自分でものを考えよう、そうすれば生涯にわたって学び続けることができるはずだ、という発想の転換をしたのが、「ゆとり世代」が受けた「ゆとり教育」でした。文部科学省が大転換したのです。「総合的な学習の時間」を設け、「ひとりひとりが自分で考えてごらん」というスタイルの授業を進めました。

これまで「学力が落ちたのではないか」などと批判されがちだった「ゆとり世代」ですが、本当に学力が低下したのかどうかは、はっきりとしておらず、議論が続いています。一方で彼らが社会に出て活躍するようになった今、「ゆとり世代」からは、これまでの日本社会には少なかった、豊かな想像力を持った人たちが続々と現れている印象があります。「ゆとり教育」が成功だったのか失敗だったのかは、一概には言えませんが、社会で花開いている人たちがいることは確かなのです。

起業をする人が増えているのも、「大学に行って、卒業したら大企業に入るのがいい」という従来の価値観の「枠」を取り払い、自分で何を仕事にしたいかとよく考えて進路を決める「ゆとり世代」が、社会に出てきたことと関係があるのかもしれません。

また「ゆとり世代」に社会貢献への関心が高い人が多いのも、自分で問題意識を持って調べ学習などを行ってきた、「ゆとり教育」のおかげでしょうか。社会のために役立つような仕事や、「社会起業家」などの道を選ぶ人も、増えつつあります。「ゆとり世代」には、想像力を養ってきた人たちが多いのかもしれません。

# 第4章

# 「なりたい自分」を持つことから始める

## ――「ＡＩに負けない人材か」問われる時代に

## 1　できるだけ具体的に将来を思い描く

### 年代別に「なりたい自分」を考える

第2章では「ヨコの想像力」、第3章では「タテの想像力」について、取り上げてきました。この第4章では、想像力の「自由に思いをめぐらせる力」に焦点を当てて、「生きる力」につながる想像力の使い方についてお伝えします。

まず手始めに、自由に自分の未来を想像してみてください。突拍子もないものでもかまいません。

その夢と、現在の自分とのあいだに足りないものは何か。どうすれば夢に近づけるのか。そうやって試行錯誤して考えたり行動したりしていくのです。それによって、現実が夢に近づいていくのか、反対に夢を現実的なものに変更するのかは、その人次第ですが、だんだんと、夢と現実との距離は近づいてくるはずです。

「なりたい自分」を想像し、何歳でこうなりたい、といった未来の計画を立てるのも有効です。「四〇代でこういう自分になりたい」というものがあれば、四〇代でそうなるためには、三〇代のあいだに何をすればいいのか、二〇代のあいだには……などと、今に戻って計画を立てていくということです。

計画どおりに行かなくてもかまいません。考え、行動してみて、うまくいかなければ軌道修正をして、再度行動してみる。そういうサイクルを回していきながら、「なりたい自分」に近づいていけばいいのです。

私がジャーナリストになるまでにも、紆余曲折がありました。

最初にジャーナリズムの世界に入りたいと思ったのは、小学六年生のときに手にとった、『地方記者　続』（朝日新聞社編）という本がきっかけでした。地方で働く新聞記者ってすごく面白そうだなと思い、将来は新聞記者になりたいと思っていたのです。

一九六〇年代当時、民放テレビ局ではニュース番組の放送はほとんどなく、ＮＨＫが短時間放送しているだけでした。ニュースを知る手段は、基本的に新聞だったわけです。

私は子どものころから活字が好きで、読書も大好きでしたから、大学生になってくると、新聞記者だけではなく出版社で働くのもいいな、と思うようになりました。しかし出版社はどこも狭き門で、とても入れそうもありません。また大学のゼミの先輩で、大手総合出版社に入社した人がいましたが、入ったはいいものの、書籍ではなくマンガの編集部署に配属されたと聞きました。なるほど、総合出版社は書籍の仕事ができないかもしれないリスクもあるのか、などと勝手に思ったものです。他にもいくつか中堅出版社をあたりましたが、「本年は採用活動をしません」といった回答ばかりでした。

ならばやっぱり地方記者になろう、新聞社とＮＨＫとではどちらがいいだろうか、と悩んでいたところ、ちょうど大学三年生の終わりくらいに、「連合赤軍」という過激派が、銃を所持して人質をとり籠城した「あさま山荘事件」が起きました。テレビで事件のようすが生放送され、視聴者の目前で機動隊、民間人合わせて死者三名、重軽傷者二七名が出るなど、日本中の国民がテレビにくぎづけになりました。

そこで、地方記者になるための選択肢として、新聞社だけではなくテレビ局もありだと思い始め、入局すれば必ず地方記者になれるＮＨＫを受けに行ったのです。

実際、今から振り返ると生意気でお恥ずかしいのですが、ＮＨＫの新人研修で自己紹介をしたとき、「私はＮＨＫを選んだわけじゃありません、記者になりたくてたまたまＮＨＫに入ったんです」と言ったものです。

## 「名刺で仕事をするな」の一言が人生を変えた

ちょうどそのころ、雑誌『週刊朝日』の部数を一〇〇万部にまで伸ばし「週刊誌の時代」をつくった、扇谷正造さんという名編集者がいました。彼の『諸君！　名刺で仕事をするな』（ＰＨＰ文庫）という本は、社会人として仕事をする上で、とても参考になりました。

マスコミ業界に入ると、特に記者の場合、名刺があればたいてい誰にでも会えるようになります。有名人も、超一流企業の経営者も会ってくれます。それを自分の実力だと勘違いしてはいけない、相手は会社名という肩書であなたに会ってくれるんだ。将来的に、そういう肩書抜きで人に会えるような人間になるために努力しなさい、といったことが書いてありました。

ＮＨＫに入り、将来は「ＮＨＫの池上です」ではなく、ただ「池上です」と名乗って取材を受けてもらえるような人間になりたい、と思ったのです。

入局後は松江放送局を経て、広島放送局の呉通信部に配属されました。呉では、各地の警察署に対し、事件や事故が起きていないか確認する「警戒電話」をかける仕事がありました。次第に電話交換手の女性たちと、声を通じて仲良くなっていきます。そこで徐々に、

「ＮＨＫの池上です」と言わずに、「おはようございます、池上です。本日は何かありますか？」と社名を言わずに電話をかけてみることにしたところ、次第に名前で受け入れられるようになったのです。

そしてフリーランスになった今は、幸いなことに、肩書を言わなくても取材相手に会えるようになりました。結果的に、若いころの目標が実現したのかなと思います。

さて、前著『社会に出るあなたに伝えたい なぜ、いま思考力が必要なのか？』でも述べましたが、ＮＨＫでは記者になっても、四〇歳前後で「デスク」と呼ばれる管理職になり、取材現場に出られなくなります。ずっと生涯一記者でありたいと思ったら、局内で出世をしないようにするか、あるいは解説委員になるしかありません。

私は定年まで、取材して自分で報道することができる仕事がしたかったので、解説委員になりたいとずっと思い、希望も出していました。さらに解説委員になって定年退職をすると、その専門性を生かし、いずれどこかの大学の先生にもなれるのではないかと、非常に虫のいいことを考えていたのです。

しかしあるとき、解説委員長に廊下で呼び止められ、「お前は解説委員になりたいと思っているらしいけど、なれないからな」と言い渡されたのです。衝撃を受けて、「どうしてなれないんですか」と聞くと、「専門性がなければ解説委員にはなれない。お前は何でも解説するから、専門性はないだろう」と言われてしまいました。

ずっと取材をしたい自分は、ここにいても将来はないな、と落ち込んだときに、ふと改めて自分のことを振り返りました。確かに専門性はないかもしれないけれど、「ものごとをわかりやすく解説する」という専門性があるのではないか。それはそれでニッチなジャンルとして、自分ひとりくらいなら仕事もあるのではないか、と気づいたのです。フリーランスのジャーナリストになろうと決意しました。

フリーランスになろうという発想が出てきたのは、「名刺で仕事をしない」という意識を、若いころからベースに持っていたおかげでもあったと思います。

フリーランスになったばかりの二〇〇五年、日本テレビの「世界一受けたい授業」に出演しませんか、という誘いを受けました。返事をするために、テレビ局に電話をかけ、プロデューサーを呼んでもらうことにしました。まだ携帯電話がそれほど普及していなかったころです。

「池上と言いますが、プロデューサーの〇〇さんはいらっしゃいますか？」と言うと、「どちらの池上さんですか？」といぶかしげに聞かれました。「ああ、これが扇谷正造さんの言っていたやつだ、肩書がないと相手にされないとはこういうことなんだ」としみじみと思いました。

そこから「肩書なしでわかってもらえるようになりたい」という思いが、仕事に向かうためのより強いエネルギーになったと思います。

## 気づいたらなりたい自分になっていた

こう書くと、私は地方記者という夢に向かってまっしぐらにやってきた人物だと思われたかもしれませんが、実は私も、違う夢を抱いていたときがありました。子どもの夢は結構くるくると変わるものなのです。

中学生になって「天文気象部」に入りました。たまたまその中学校は、毎日雨量を測り、それを東京管区気象台に報告するという役割を持った学校でした。今は「アメダス」で自動計測されていますが、当時は人が測って、東京管区気象台に報告をしていました。

そのため毎日、部員が交代で、学校の屋上に設置してある雨量計をチェックしに行っていました。夏休みなどの長期休みの期間も、交代で務めます。

私はそれが楽しくて、「将来、気象庁の予報官になりたい」と思うようになったのです。

ちなみに当時はまだ「気象予報士」という資格はありませんでした。気象予報士は規制緩和により、一九九三（平成五）年に気象業務法が改正されてできた資格です。それ以前は、気象庁の予報官のみが天気予報を出すことができました。

気象庁の予報官になるにはどうしたらいいかと調べたところ、「気象大学校」に入らなければいけないということがわかりました。

気象大学校は、防衛省の幹部になるための防衛大学校、海上保安官になるための海上保安大学校などと同じ「省庁大学校」のひとつです。一般の「学校」は、学校教育法に規定され文部科学省が認可しているところを指しますが、省庁大学校は学校教育法以外に規定されている学校です。気象大学校は、現在「国土交通省組織令」に規定されています。四年制の大学校へ入学すると、いきなり国家公務員の特別職や一般職の扱いとなり、給与やボーナスも支給されます。

気象大学校は、とてつもない理系の学校で、物理と数学がよくできなければなりませんでした。気象は物理現象だからです。

高校一年生になった私は、いきなり数学に挫折をしました。なんとか頑張って勉強はしていたものの、「自分はとてもじゃないけれど理系には向いていない」と感じ、気象予報官は残念ながら、諦めることにしたわけです。

しかし、後日談があります。

ＮＨＫへ入り、地方記者を経て二九歳で東京へ戻ってくると、私は気象庁担当記者になったのです。

台風が来ると、気象庁から生中継をして、予報官にインタビューをします。深夜もずっと放送を続ける場合には、予報官を休ませてほしいということで、代わりに私が予報を伝えます。気象庁からカメラに向かって「台風がここまで来ています、この地域の方は気をつけてください」などと言っていると、「あれ、子どものころの予報官の夢が、ある意味叶ったんじゃないの」と気づきました。

結果的に、地方記者と気象予報官、両方の夢が叶ったというわけです。

フリーランスになった後には、新聞に連載を持てるようにもなりました。新聞記者が自社のコラムを書くには、相当筆が立つと社内で広く認められないと難しいですが、私は外部執筆者としてたまたま横入りするようなかたちで、書く機会をもらったのです。ＮＨＫか新聞記者かと迷っていたころの夢も叶ったというわけです。

「はじめに」でも書きましたが、やはり子どものころの夢はずっと持っていると、そのとおりにはならなくても、いつかどこかで一部でも実現することがあると思うのです。真っすぐ進まなくても、途中でよそ見や寄り道、休憩をしてもいい。いつか何らかのかたちで、あなたの目指す夢のゴールにたどりつくことはできるかもしれません。

しかも、夢はないよりもあるほうが、人生は楽しくなります。ぜひあなたの好きなこと、やってみたいことを起点に、想像力を働かせて、自分の将来の夢を具体的に描き、持ち続けてほしいなと思います。

## 人生に確実なことなどないとわかる

自分の人生について想像することは、「世の中に確かな答えなんてない」ということに気づく訓練にもなるでしょう。人生で確実なことなんてない、百パーセントすべてが思うままにいくことなんてないからです。

しかし今の学生を見ていると、何ごとにも「正解」を見つけようとしていると感じます。「どれが正しい答えか」を、楽な方法で探して飛びつこうとしています。さまざまな可能性に想像が及ばず、何ごとにも既成の道がある、答えがあると思い込んでしまっている人は、いざ失敗したときには弱いものです。

反対に、「世の中には正解なんてないし、むしろ答えのない問いのほうが多い」ということを心から理解できている人は、試行錯誤ができます。「こんなふうにしたらどうなるんだろう」、あるいは「こういう問題をほうっておくとどうなるのか」「これに取り組むと、自分にどんなことが降りかかってきそうか」などと、想像力を働かせてシミュレーションができるのです。

そういう人は、「失敗してもいいから挑戦してみよう」と考えられるし、失敗しても容易に立ち上がって、乗り越えたり、他の道を探ったりすることができます。

英文学者の外山滋比古さんは、ベストセラーとなった著書『思考の整理学』の中で、人に引っ張ってもらう「グライダー人間」タイプと、自分でエンジンを持って飛ぶ「飛行機人間」タイプがいるとたとえていました。つまり自分の頭で考えたり想像したりできない人はグライダー人間で、できる人は飛行機人間だということです。これは非常にいいたとえだと思います。

「自由に自分の考えを書いてみて」と言うと、書けなくなってしまう。日本は、そういうグライダー人間ばかりを教育してきたのではないかと、外山さんは書かれています。

私も、大学生の大半がグライダー人間だと感じます。グライダーは、引っ張っていく飛行機にぶら下がっているだけですから、予定したルートを外れることはありません。

一方、自力で飛行する人は、ルートを外れ、とんでもないところへと行くことがあるわけです。

子どものころにそういうことをすると、日本の教育は「そんなことしちゃだめだ」「こっちに戻ってきて、そのままぶら下がっていなさい」と、グライダー人間にするべく引っ張っていきます。自分のエンジンで飛ぶ人ばかりだと、あちこちに行って収拾がつかなくなるからです。しかし本当は、飛行機人間を育てるほうが、長期的に見て大事なことなのですが。

## 日本人の忖度力が想像力の壁だった

基本的に優等生こそ、「グライダー人間」になりがちです。そして受験戦争を勝ち抜いてきた優等生は、「忖度力」が発達した人たちです。

忖度とは、辞書的な意味は「他人の心をおしはかること。また、おしはかって相手に配慮すること」です。しかし近ごろでは「森友学園問題（学校法人森友学園への、国有地売却をめぐる財務省の決裁文書改ざん問題）」を経て、「忖度」という言葉が一躍脚光を浴び、意味合いが少々変わってきました。今「忖度力」とは、相手に配慮することでその先にある「自分にとっての目先の利益」を素早く見つける力、といった意味合いになってしまっています。

想像力は、枠にとらわれず自由に発想することですから、この「忖度力」とはまったく違います。

「忖度力」を磨いた優等生は、先生が「これについてわかる人は？」と聞いたときに、いち早く「先生が求めている答えは何だろう」ということを忖度して答えます。そして「よくできました、君は頭がいいんだね」と褒められてきたのです。そんな成功体験を重ねることによって、問題そのものを考えるよりも「この問題はどんな答えを意図して出題しているんだろう」ということを考えるようになっていったわけです。

特に予備校や塾の指導は、国語で問題文となる小説や評論をじっくり読んでから考えるのではなく、「先に設問を読み、どんな答えが求められているかを把握してから問題文を読め」と指導をしていて、本末転倒です。

結局、とりわけ忖度力を磨いたのが、東京大学法学部の学生諸君です。そして霞が関に入り、大臣や総理大臣が何を求めているのかを忖度してしまう。そういう、もとの「忖度」の意味から逸脱した「不正につながる忖度」は、断固しない人になってほしいものです。

日本では、「お客様は神様だ」とさまざまなサービスをします。これもまさに忖度力です。このお客様は何を求めているんだろうかと、「おもてなし」のために忖度をします。お客様が自ら何かを要求する前に、望むものをさっと出してあげる、それは日本の素晴らしい文化でもあります。

しかし逆に、そうした忖度が発展したからこそ、本当のクリエイティブな想像力というのが育たないのかもしれません。目の前のお客様の要求を叶え、状況をよりよく「カイゼン」する忖度力に長けたことで、お客様自身も気づいていないような潜在的な欲求を想像し、斬新な発想で解決することにまでは、手が回らないようです。目の前の相手に気持ちよくすごしてもらうことを重視するあまり、大局を見ることが苦手なのです。

また外国人が初めて日本に来ると、その忖度力とおもてなしに感激するといいますが、そのうちに息が詰まり、ほっといてくれと言いたくなると聞きます。おもてなしも、相手の気持ちを想像し、ちょうどいい塩梅でやらないといけないかもしれません。

## 「AIに負けない人材か」「AIを超える人材か」

第1章で触れたチャットGPTは、学生たちのあいだでも急速に広まり、レポート作成などにこっそりと利用されつつあります。そのため、チャットGPTを利用したかどうかを調べるためのソフトまで続々と登場してきています。

私は大学でレポートを課す場合、必ず「○○について、私の授業での内容に触れながら、自分の考え方を述べなさい」といった条件をつけるので、私の授業内容に関する部分はチャットGPTでは書けません。ただし、後半の「自分の考え方を述べなさい」という部分は、チャットGPTを使う人がいるかもしれません。

そういう人たちは、「自由に意見を述べよ」といった課題に対して、正解できるか自信がない、変なことを書いてしまって笑われたくない、といった心情なのでしょう。だから、自分の考えを書くよりも、チャットGPTに頼りたくなるようです。

チャットGPTであれこれ遊んでみたところ、チャットGPTはすでに、多方面に配慮したそつのない回答もできるようです。試しに「阪神タイガースファンはどう見られていますか?」と質問をしてみたところ、チャットGPTの答えは、「私はある一定の人たちに対してステレオタイプなものの見方はしません」「ただ、阪神タイガースファンが野球のとても熱心なファンだということは知っています」というものでした。人を傷つけない言い方がちゃんとできているのかと、感心しつつ笑ってしまいました。おとなびた人と対話をしているような気持ちです。

しかしむしろ、チャットGPTが当たり障りなく「よくできた回答」「みんなが納得するような回答」を書けるような時代だからこそ、これからは「その人ならではのユニークな、ビックリするような回答」をする人が貴重になっていくと、私は思います。

これからの大学生へのレポート課題では、「○○について述べよと言ったら、チャットGPTの回答はこうだった。これに対して、あなたなりのレポートを書きなさい」と出題してみるといいかもしれませんね。

チャットGPTの回答ですべてこと足りるのであれば、人間は考える必要がなくなり、どんどんバカになってしまいます。

でも現実の社会には、チャットGPTに解決できない難問が山積しています。これからの若い人たちは、「AIに負けない人材か」「AIを超える人材か」ということを、ますます鋭く問われるようになるでしょう。易きに流れ、チャットGPTごときに頼って学びを放棄してしまう人には、つらい時代となってしまいますね。

「正解しないといけない」といったプレッシャーは忘れて、ぜひ想像力を駆使して、「自分なりの自由な意見」をまとめる練習をしてみてください。

## 2　なぜ、人間がわかると未来が読めるのか

### 「想像」をより正確な読みに近づける方法

想像力は「自由に思いをめぐらせる力」ですが、あまりに根拠のない主観的な想像は、残念ながら「妄想」になってしまいます。

想像に一定程度の現実味を持たせるために必要なことは、人間を知り、理解することです。人間がわかれば未来が読める、と言っても過言ではないでしょう。加えて、想像をより正確な読みに近づけるための方法があります。

第1章で紹介したユーラシア・グループは、世界各国の政治や経済、安全保障について分析し、そのデータを世界の企業に提供しています。もともとは欧米から見たユーラシアの内陸部、つまり旧ソ連、東欧諸国などのリスクを分析する会社として一九九八年にスタートしました。

ユーラシアの内陸部は、ヨーロッパからもアジアからも遥か遠いところにあり、欧米にとって「よくわからない存在」でした。内陸部で今何が起きているのか、これから何が起きる

のかを、そこから亡命してきた人などにも綿密にリサーチし、さまざまな仮説を立てていったのです。そして何かが起きると、その仮説が当たっていたのか外れていたのかを検証する、ということをくり返し、現在の「正確な読み」ができるようになってきたのでしょう。今ではヨーロッパや中東、中国、さらにはアメリカ大陸などの動向も分析しています。

仮説を立てるとは、つまり想像力を働かせるということになるわけです。仮説を立ててみて、現実の結果がどうなったかを見る。現実が仮説のとおりになっていたら、自分の仮説は合っていたということになります。でもたいていの場合、そう当たりはしません。それなら、なぜ仮説が外れたのかということをきちっと検証します。それを積み重ねていくうちに、次第次第に、先が読めるようになってくるのです。つまり、

**想像力を働かせる　↓　仮説を立てる　↓　結果と照らし合わせる**
**↓　外れた場合は理由を検証する　↓　正確な読みができるようになっていく**

このサイクルを回していくことで、分析力がつくのだということです。

ユーラシア・グループは二〇二二年一月に発表したリスクの五位で、ロシアのウクライナ

への軍事侵攻を予測しました。すると二月に、それは現実のものとなってしまいました。

この予測は当たってしまったわけですが、しかしその説明書きで、「ヨーロッパ諸国全部が、その結果生じる経済的影響、たとえばエネルギーがなくなる、物価が上がるということを踏まえて、アメリカとの同盟を維持するだろうか、それは難しいのではないか」、つまりヨーロッパはロシア側につくのでは、と書いていました。こちらの予測は外れました。

EU諸国は、ロシア産天然ガスをロシア政府から止められても、ロシア側にはつきませんでした。割高な液化天然ガス（LNG）をカタールやアメリカから輸入することで冬の寒さを乗りきり、アメリカとの軍事同盟、北大西洋条約機構（NATO）の枠組みをきちんと維持しています。この点に関しては、ユーラシア・グループの予測は外れたわけです。

これはなぜでしょうか。理由を考えてみると、ユーラシア・グループも、トランプ政権時代（おおむね二〇一七～二〇年）の思考に引っ張られていたのかもしれません。トランプ政権下のアメリカとヨーロッパの同盟関係は、そもそもアメリカがNATOから脱退していた可能性すらあったほど、難しいものになっていました。

しかしトランプの後任であるバイデン大統領は、「シェール革命」で豊富に産出するようになった天然ガスをEU諸国に売るなどで、アメリカとEUとの団結を深めていきます。軍事、政治に加え、エネルギーでも結びつくわけです。そういう状況の変化が、ＥＵとアメリカの国民が団結してロシアに対抗する源泉にもなっていそうです。

## プーチン大統領が予測を外したわけ

ロシアのプーチン大統領も、未来予測を外しています。まさかウクライナがこれほど頑強に抵抗するなんて、思ってもいなかったわけですから。

しかし歴史を振り返ると、これは意外でもなんでもなく、もっともなことだと思います。

第二次世界大戦が始まったばかりのころ、ドイツがポーランドへの侵略を始めたことで、当時のソビエト連邦（ソ連）は、ドイツがソ連にも攻めてくるのではないかと不安になりました。そこで領土を接するフィンランドに対して、基地を置かせろ、領土の一部をよこせと理不尽な要求をしたのです。

フィンランドは当然、その要求を突っぱねます。するとソ連が「フィンランドが攻撃してきた」と嘘をつき、フィンランドに攻め込みました。冬戦争（第一次ソ連・フィンランド戦争、一九三九～四〇年）といいます。

そしてソ連は、フィンランドの共産党勢力を使って「フィンランド民主共和国」という傀（かい）

傀儡政権をフィンランド東部につくりました。これはまさに、二〇二二年のウクライナ侵攻に際し、ウクライナ東部にロシアが勝手にドネック人民共和国、ルガンスク人民共和国というふたつの国をつくったのと、まったく同じ構図です。そしてソ連もロシアも、そうしてつくり上げた傀儡政権を支援するというかたちで、自軍を送り込んでいくわけです。

しかしフィンランド軍は頑強に抵抗して善戦しました。ソ連軍の戦死者は、少なくとも一二万七〇〇〇人、あるいは二〇万人以上とも一〇〇万人とも言われています。一方フィンランド側の戦死者は、二万七〇〇〇人でした。

フィンランド将兵は狙撃能力に優れていて、極寒の地でスキー技術を生かしたゲリラ戦や包囲戦術を駆使して抵抗しました。ソ連は当初、フィンランドの二倍以上の兵と砲、五倍以上の航空機、戦車にいたっては二〇〇倍もの台数を擁し、「フィンランドのような小国なんか、あっという間に降伏するだろう」と高を括っていましたが、そうはいかなかったのです。まさしく、今のウクライナ侵攻の状況とそっくりです。

最終的には講和条約で、フィンランドは国土面積の一〇パーセントに相当するカレリア地峡の、ソ連への割譲を余儀なくされました。ただこの冬戦争でのソ連の苦境を見て、ドイツが「ソ連軍も思ったほどたいしたことはないな」と思い、ソ連に侵攻するきっかけになったとも言われています。

人間というものは、自分の国が攻められたら、死に物狂いで戦うものです。逆に言えば、侵略していく国はよほどの大義名分がないと、弱いものなのです。

だからこそ、ソ連に攻め込んだドイツも、最初は勝利を収めますが、最終的にはやはりソ連に撃退され敗北しました。

ウクライナ侵攻に話を戻すと、やはりロシア側に大義名分はありません。ロシア兵たちも、これまで「ウクライナは兄弟国だ、同じ文化を祖にしている国だ」と教えられていた国に、いきなり攻め込むと言われ、おおいに戸惑いました。しかし上官たちから「ウクライナの人たちを解放してあげるんだ、われわれが行けば戦車に花束を持ってきて歓迎してくれるよ」と説明されていました。

実際に攻め込んでみたら、ウクライナ人は花束を持ってくるどころか、反撃してきます。この段階で現場のロシア兵たちは衝撃を受け、戦う気も失せてしまいます。

アメリカが前年の一一月からいち早く、「ロシアがウクライナに攻め込む準備をしている」と察知し、ヨーロッパの同盟国に警告をしたり、世界に発表したりしていたことも奏功しました。

ロシアは「そんなことはない、軍事演習だ」と嘘をつくしかなくなり、現場の兵士たちに「ウクライナの東部で同胞がひどい目に遭っていて、子どもたちが殺されている」という洗脳を、徹底できなかったのです。

人間やはり、死に物狂いで戦うぞと士気が高まるのは、「自分の国を守る」「自分の家族を守る」といった大義名分があるときです。未来予測には、そうした人間の心理を加味することも必要でしょう。

## 小説ほど想像力を鍛えられるものはない

人間は完全に合理的には割りきれない存在で、何をするかわからないという面もあります。そうした人間という存在を学ぶ方法こそが、文学作品を読むことです。文学では、登場人物が経験するいろいろな出来事や感情を、読者も追体験ができるからです。

小説の中で「相手をとことん憎む」「殺人犯の立場になってみる」体験だったり、「心から愛する人と幸せになる」「愛する人を失う」体験だったりを、バーチャルに味わう。登場人物に感情移入して、一生懸命考えたり感じ取ったりする。こうした追体験で、想像力はかき立てられます。

また小説などの文学作品が想像力を鍛えてくれるのは、小説が基本的に文字だけで構成されているからです。読み手は自分なりに、頭の中に景色や登場人物の表情などをイメージし、想像を働かせます。

『ハリー・ポッター』の映画を見るのもいいけれど、映画はハリー・ポッターの世界観があらかじめ提示されているため、想像力を働かせる余地が少なくなります。小説を読むことで、ハリー・ポッターはどんな少年なんだろう、ハリーの通う「ホグワーツ魔法魔術学校」ってどんなところなのかなと、自分で想像していくのは、映画を見る以上に楽しいものです。映画と自分の想像とがかけ離れていても、それはそれで面白いでしょう。

映像作品は、その作り手の発想や感覚が投影されて画面が作り込まれます。「映像がない」作品で想像してみることが大事なのです。

文字が苦手なら、耳で作品を聴くという手もあります。子どもなら大人が読み聞かせをしたり、大人なら、朗読したものを録音した「オーディオ・ブック」やラジオドラマを聴くのもいいでしょう。私が子どものころは、テレビ番組も少なかったため、いろいろなラジオドラマを聴いたものです。ラジオドラマも映像がないため、想像力を養う機会になります。

今は小説も、オーディオ・ブックとして発売されているものが多くあります。映像以外の方法で作品を楽しみ、想像する経験をしてみてください。

## 独裁的な国の民衆に衝撃を与えた意外な映像

一方で映像には、「気づきを得るためのきっかけになる」大きな力があります。たとえば二〇二二年一一月、中国政府のゼロコロナ政策に反発した中国国民の、大規模な抗議デモ「白紙デモ」が多発しました。一党独裁の社会で、政府が強権的に押さえつける国で、まさかの国民の大反発でした。

この抗議デモは、同年同月のサッカーワールドカップ・カタール大会が引き金になったと言われています。今回、本大会に中国は出場していませんが、ワールドカップの試合会場には中国の企業も広告をたくさん出していますし、経済効果を見込んで中国でも試合がすべて生中継されていました。

すると観客席では誰もマスクをしておらず、大盛り上がりをしているではありませんか。それを見て中国の若者たちは衝撃を受け、「同じ地球上のこととは思えない」といった書き込みが中国のSNS上にあふれたのです。

急激に、「中国のゼロコロナ政策はおかしいんじゃないか」「中国こそがコロナを乗り越えておらず、彼らは乗り越えている」という世論が高まりました。そうした反発が出た途端、中国ではワールドカップの試合の観客席を映さなくなりました。

同時期の一一月二四日には、新疆ウイグル自治区ウルムチ市のマンションで火事が起き、ロックダウン中で消防車が近づけず、一〇人が死亡するという事件がありました。これもゼロコロナ政策への批判の声を高めましたが、それは一応、同じ国内でのことでした。それがワールドカップで、他国の現状を目の当たりにしたことが、より大きな批判が巻き起こるきっかけとなりました。

映像には力があります。人の感情は、思いもよらないかたちで動かされるということです。テレビなどの映像をきっかけに、世論が動いた事例は、過去にも多々あります。

たとえば韓国は、ソウルオリンピックの前年である一九八七年に民主化されました。その直前の八六～八七年にかけて、韓国では全斗煥（チョンドゥファン）大統領の軍事独裁政権に対して民主化を求める学生運動が盛り上がり、機動隊と激しくぶつかり合っていました。

そのニュース映像を北朝鮮はテレビ放送し、韓国の若者たちはアメリカの傀儡政権に反発をしている、社会主義のための正義の戦いをしている、と解説をしました。

しかし北朝鮮の国民は、意外なところに反応しました。街頭で学生と機動隊とがぶつかり合っているために、多くの店がシャッターを下ろしていました。そのシャッターにはすべて、店の電話番号が書いてあるではありませんか。それを見た北朝鮮国民は、「え？　韓国では一軒一軒に電話があるの？　なんて豊かな国なんだ」と、衝撃を受けたのです。

北朝鮮当局にとっては思いもよらないかたちで、韓国の豊かさを自国民に伝えてしまう結果となりました。それ以降北朝鮮では、韓国のデモ映像を放送しなくなったといいます。

全斗煥政権の末期には、民主化運動を推進した韓国の学生たちの中から、社会主義思想を持った人々も現れました。民主化の過程で、マルクスや社会主義を扱った書籍も刊行できるようになったためです。北朝鮮は韓国にスパイを送り込み、北朝鮮や朝鮮労働党の指導指針である「主体思想（チュチェ）」を広めたと言われています。

一九八八年にソウルオリンピックが開催されたことに対抗し、北朝鮮は翌年に平壌で「世界青年学生祭典」を開催しました。主体思想の影響を受けた韓国の学生団体は、これに合わせて代表を派遣することになり、林秀卿（イムスギョン）という女子大学生が選ばれました。

彼女はソウルから東京、ベルリンを経由して、北朝鮮へと密入国をします。たどり着いた平壌の祭典会場では熱狂的に迎えられ、英雄扱いをされました。「あの子は韓国に帰ったらすぐに死刑にされてしまうだろうに、なんて勇気があるんだ」と北朝鮮国民は彼らの常識で考え、泣きながら別れを惜しみました。

林秀卿は板門店を経由して韓国に戻り、国家保安法違反容疑で逮捕されました。それからしばらくして北朝鮮の放送で、彼女が韓国で逮捕され、両親が娘に面会に行った、というニュースが流れました。北朝鮮当局の意図は「やはりあの子は逮捕された、韓国はひどい国なんだ」とアピールすることでした。

しかしここでも、北朝鮮の人たちは思わぬ反応をしました。「まさか彼女が死刑にならなかったなんて、しかも韓国では、罪人でも親と面会できるのか。親も収容所に送られたりせず、変わらずに自由な生活を送れるのか」という点に驚いたのです。

またこのころ北朝鮮は、友好国のソ連や東欧諸国に、北朝鮮のエリート学生たちを留学させていました。八八年のソウルオリンピックは、北朝鮮ではもちろん放送されませんでしたが、留学先の国々では見ることができます。

華々しいオリンピック会場や人々の豊かな生活を、映像で目の当たりにした北朝鮮のエリート学生たちは衝撃を受けました。当時北朝鮮当局は、「韓国は本当に貧しい国だ」とアピールしていたのに、一六〇の国と地域の選手を集めて盛大なオリンピックが開かれ、韓国のスポーツ選手も大活躍し、韓国が先進国の仲間入りをしようとしていたのです。

国に騙されていたと気づいたエリート学生たちは、相当数がソ連や東欧に亡命したり、韓国に脱北したりしました。以降、北朝鮮はエリート学生の海外留学の機会を減らしました。
映像は、人に気づきを与えるきっかけとなる、ということです。

## 行動経済学で人間の非合理的な心理がよくわかる

人間は合理的にばかり行動するわけではない、感情や認知の歪みで非合理的な行動や無駄な行動をとってしまうこともある。そうした人間の心の動き方を重視して、経済の動きを読み解こうとする学問、「行動経済学」があります。

二〇〇二年に、もともとは心理学者だったダニエル・カーネマンがノーベル経済学賞をとって話題となりました。その後も、一三年にロバート・シラー、一七年にリチャード・セイラーが、行動経済学の研究によってノーベル経済学賞を受賞しています。

私は二二年一〇月、アメリカ中間選挙の取材で、数年ぶりに海外へ行きました。アメリカでは、この数年で日本風のラーメン店が急増していて、私も食べに行きました。ただこのとき、インフレや円安の影響で、ラーメン一杯と餃子を食べるだけで、日本円にして五〇〇〇円ぐらいかかってしまいました。

豚骨ラーメンが一六ドル、鉄鍋ポーク餃子が一二ドル、それにニューヨーク州の付加価値税がついて、三〇ドル四九セントです。さらにチップを払わなければならないのですが、「この中からチップを選んでください」と三択になっていました。

コロナ前、アメリカのチップはだいたい一〇パーセントから一五パーセントほどでした。ところが今回の選択肢は、一八パーセント、二〇パーセント、二五パーセントから選べ、となっていたのです。日本なら「松竹梅」を選ばせるようなもの。まさしく行動経済学です。これは「極端の回避効果」と言い、私たち人間は何かを選ぶとき、極端なものを避けて中庸を求める傾向があるのです。

店員が見ている前でチップの率を選ぶとなると、いちばん低い率にするのは「ケチだと思われてしまうのでは」という見栄が働き、気が引けてしまいます。とはいえ、二五パーセントはやはり多すぎる。そこで結局、多くの人が真ん中の二〇パーセントを選ぶわけです。相手もそれをわかっていて、これまでよりは高い二〇パーセントのチップ率を、選択肢の真ん中にあえて持ってきているわけですね。私も、こうした狙いをわかってはいたけれど、もれなく二〇パーセントを選びました。

三択ではなく、自由に決めるということであれば、多くの人が以前のような一〇パーセントや一五パーセントにしていたはずで、一八パーセントだって、以前と比べれば十分多すぎるほどだというのに。

一ドル一五〇円で計算をすると、税込みで約四五〇〇円に、チップが二〇パーセントで九〇〇円ですから、支払総額は約五四〇〇円となりました。チップで九〇〇円とは、日本だったらラーメンが一杯食べられる値段です。

行動経済学を知っていると、自分が行動するときに、「どうして自分はこういうことをやろうとしているんだろう、実は合理的な行動ではないよね」と、気づけるようになります。松竹梅のような「バイアス」にかかっているかどうかがわかる、ということです。

行動経済学の理論や法則を知って、自分自身の行動にも適用すると、自分のよくない行動を変えて目標を達成したり、自己実現をしたりする際に、頼もしい味方にもなるのです。

経済学は金儲けのための学問でもないし、人間はいつも合理的な判断を下す「合理的経済人」であるわけでもありません。人間の営みや心理を理解していなければ、現実からかけ離れた分析になってしまいます。

たとえば膨大なデータの背景にはどのような事情があるのか。そこにはどんな人々が暮らしているのか。想像力を鍛え、人間への洞察力を磨いていってほしいと思います。

# 第5章

# 想像力のスイッチはいつでも入れられる

## ——対話・体験・視点のヒント

## 1　想像力を伸ばす「対話」の四つのポイント

**SNSで逆に対話力が下がっている**

第5章では、想像力を養う方法を、より具体的にお伝えします。

まずは何よりも「対話をする」ということが、想像力を養うには有効です。対話とは、「言葉を通じておたがいの考えを理解し合うこと」を指します。

対話のポイントは、次の四つです。

**1　対話は「ラリー」のように、おたがいを認め合ったり間違いを指摘し合ったりしながら、おたがいを高めていくものである。**

**2　自分と異なる経験や方法論を持つ人との対話は、自分の視野や知識が広がり、自分を高める機会になる。**

**3　対話と好奇心は車の両輪。両方が大切である。**

**4　相手が何を考えどう感じているのか、すなわち相手の「内在的論理」を想像しながら、**

**さまざまな人と対話ができる力は、社会人に必須である。**

最近の大学生はＳＮＳで発信する人も多く、コミュニケーション能力が高いというイメージがあるかもしれません。しかし必ずしもそうではないと感じます。

発信力はあっても、発信力と対話力は違います。ＳＮＳは、ツイッターでも何でも、発信したいことを勝手に発信する場です。その内容に対して食いついてきた人がいると、少しやり取りをしたり、ときに「炎上」したりするわけですが、もともと「人と対話をしよう」という意図で発信している人はほとんどいないのではないでしょうか。むしろ自分の投稿にコメントがつくと、返信しないといけなくなるため、「厄介だ」と感じる人も多いそうです。

自分はこんなことをやった、みんなに知ってほしいんだ、といった承認欲求で、いろいろな発信をする人たちは、「いいね」は欲しいけれど、対話相手が欲しいとは思っていないのです。そのため学生たちは、ＳＮＳ上での発信は増えていても、対話の機会はそれほど増えていないと感じます。

とりわけＬＩＮＥ（ライン）は、スタンプで答えたり、「了解」を「り」と送るなど短い返答をしたりします。それだと、対話力はどんどん落ちてきます。

## 対話のポイント① 論破でなくおたがいを高め合う

対話のポイントの①として、対話とは、それぞれを認め合ったり間違いを指摘し合ったりしながら、おたがいを高めていくものだと知っておいてください。

対話は一方通行ではなく、卓球にたとえれば「ラリー」なのです。一方がボールを相手に打ち込んで、相手もまた打ち返す。そうしたラリーを続けるのが対話です。

こちらが相手にボールを打ち込んでばかりで、相手を負かすというのは、いわゆる「論破」です。「論破してやった」などと自慢げに言う人もいますが、それでは対話にならないわけで、そこで話は終わってしまいます。発展性がありません。

相手の言っていることが論理的におかしければ指摘してもいいのですが、それもおたがいに高め合うための指摘であるべきなのです。論破をするのは趣旨が違います。

対話においては、どれだけ心地よくラリーが続けられるかをおたがいが意識するといいでしょう。相手が打ち返しやすいところにボールを送る、つまり、相手が答えやすい質問や話題を持ってくる。相手もそういう配慮をしてくれると、ラリーが続きます。

理系分野にトップクラスの頭脳を持っている東工大の学生たちは、よく自虐的に「僕たちはどうせコミュ障（コミュニケーション障害）ですから」などと言います。実際、人と会話をすることが苦手な学生は多くいます。

特に東工大の男子学生は、女性と話をするのが苦手なようです。数年前、「女子大生が選ぶもっとも合コンしたくない男子大学生」ランキングで、東工大がトップになったという不名誉なニュースも話題になりました。

たとえば「自分の好きな素数は一七だ、なぜ一七という素数が美しいかというと……」などと滔々（とうとう）と語ったりします。男子学生同士では実際、その話題で盛り上がっていますが、相当な理系好きでもない限り、普通は相手の女性は引いてしまいますね。対話のラリーにおける、状況把握力がないし、おたがいが心地よくラリーを続けるための配慮が足りないのです。

とはいえ少々フォローしておくと、東工大生は非常にまじめな子たちが多いので、結婚相手には最適だと思います。

## 対話のポイント②　異なる経験を持つ相手を選ぶ

対話のポイント②は、異なる経験や方法論を持つ人々と対話をするということです。自分の知らないことを知っている相手との対話は、自分の視野も、知識も広がり、自分を高める機会になるからです。

こうした対話に必要なものは、とりわけ好奇心です。身を乗り出して聞くと、相手も気持ちよく話せます。自然体で、「え、どういうこと?」「へえー!」「え、そんなことがあったんだ、すごい!」などと素直に聞き手に回るのです。

よき聞き手とは、「上から目線」の逆で、「下から目線」になれる人です。

これは意識の上でも、物理的にも有効です。たとえば小学校の先生は、普通に立って話すとどうしても上から目線で問い詰めるような雰囲気になってしまうため、子どもの話をしっかりと聞くときなど、しゃがんで目の高さを揃えて対話をするのです。

それを知ったのは、教育実習生の取材をしに小学校に行ったときでした。指導係の先生が教育実習生たちに対し、「小学校の先生はズボンがジャージの場合が多い、なぜかというと、すぐ膝を床について、小学生と同じ目の高さで会話をするためだ」と教えていたのです。

あなたも、子どもと対話をするときには、同じ目の高さになって、同じ立場で話を聞いてみましょう。

ＮＨＫで「週刊こどもニュース」を担当していたとき、放送前日に出演者の子どもたちに集まってもらい、翌日のニュースの原稿を読んで聞かせて、わかるかどうか、わからない場合はどこがわからないかを確認するという工程がありました。

小学生には、わからないことだらけです。「政府は」「内閣は」と言っても、単語の意味がわかりません。

はじめ子どもたちは、「バカな質問をしてはいけないのでは」とためらっていました。しかしどんなにバカバカしいことでも何でも、私が「なるほどね、へえ、あ、そういうふうに疑問を持つのか」としきりに感心して話を聞いていると、次第に「何を言ってもいいんだ」と安心して、本当に素直に、どこがわからないか意見を言ってくれるようになりました。そうして番組も、徐々に軌道に乗っていったのです。

## 対話のポイント③　対話と好奇心は車の両輪

相手が誰であっても、好奇心を持って「下から目線」になり、とにかく丁寧に話を聞いていると、相手は安心して話すことができます。

対話に必要なものは好奇心ですが、その反対も然りで、人生において好奇心を失わないいために必要なものは、対話です。これが対話のポイント③で、いわば対話と好奇心は車の両輪なのです。

いつも同じ環境で、同じことだけをしていては、人は次第に好奇心を失ってしまうものです。

普段話したことのない人に対し、ちょっとでも興味を持ったり、機会があったりしたら、自分から思いきって話しかけてみましょう。対話の機会を、自分から求めることも大切なのです。

## 対話のポイント④ 相手の考えを想像しながら対話する

チームで働くときには、なおさら対話力を磨くことを心掛けましょう。

たとえばチームで働く力が欠けている人——自分だけで抱え込んでしまったり、人の話を聞かなかったり、頑固だったり、自分勝手だったりする人が、チームにいる場合があります。もちろん、その人自身が気づいて変わってくれるのがベストですが、周りの人たちができることは、「対話」で相手を解きほぐしていくということだと思います。

思い込みが強くて頑固な人がいれば、やんわりと「そう言いますが、でもこういう場合はどうでしょうか？」と、反例を出すのです。「あ、そうか」と相手も気づくはずです。

こちらがけんか腰で「何を言ってるんだ」と頭ごなしに否定をすると、本当にけんかになってしまいます。

そういう意味でも、社会人になる若い人たちに身につけてほしいのは、ありきたりなようですがやはりコミュニケーション能力、特に対話力です。相手が何を考えどう感じているのか、つまり相手の「内在的論理」を想像しながら、さまざまな人と対話ができること、自分の言いたいことを相手にちゃんと伝えられることが大事なのです。これが、対話のポイント④です。

## 2　海外取材で味わった「違いを知る」強烈な体験

多様性を知り、好奇心を刺激し、想像力を高めるためには、海外へ行って見聞を広げる機会は有効です。

日本人が自由に海外へ行けるようになったのは、戦後しばらく経ってからのことです。一九六四（昭和三九）年、私が中学生のころ、観光を目的とした海外渡航ができるようになりました。一人当たり年一回まで、持参できるお金も一回につき五〇〇ドルまで、という制限つきでした。

なぜ五〇〇ドルまでという外貨持ち出し制限があったのかというと、戦後の日本が貧しかったからです。国全体で外貨が不足しており、その流出を防ごうとしていたのです。さらに当時は、一ドル＝三六〇円という「固定為替相場制」で、現在と比べて大幅な円安状態でした。変動為替相場制に移行したのは、一九七三（昭和四八）年のことです。

### 航空機撃墜事件の取材で初の海外へ

解禁されても、海外旅行はまだ多くの人々にとって高嶺の花で、私も「死ぬまでにせめて一度は、海外に行ってみたいな」という憧れを持っていたものです。

なお海外留学も、よほどのお金持ちの家に生まれるか、「フルブライト奨学生」（フルブライト・プログラム）の座でも射止めない限り、あり得ないものでした。フルブライト・プログラムとは、第二次世界大戦後に「世界平和のためには諸外国の人と人との相互交流こそが必要だ」という理念のもと、アメリカ政府が始めた交換留学制度で、選抜されれば給付型奨学金をもらってアメリカの大学などに進学できるものです。

私がようやく念願叶って海外に行けたのは、三三歳のころです。当時NHKの社会部に所属していて、パスポートもこのときに生まれて初めてとりました。

行き先は韓国です。一九八三（昭和五八）年の「大韓航空機撃墜事件」の取材のためでした。ソウル行きの大韓航空機が、誤って旧ソ連領空を侵犯したことで、サハリン沖で追跡していたソ連の戦闘機にミサイルで撃墜された事件です。乗員・乗客二六九人全員が死亡し、うち日本人は二八人乗っていました。

九月一日の「防災の日」で、NHK内社会部の記者たちは防災訓練中。突然、大韓航空機がサハリンに強制着陸させられたという情報が飛び込んできたのです。「強制着陸」は、後に誤報だとわかります。

当時は韓国も、ビザがないと入国できませんでした。しかし取材ビザはすぐにはとれません。そこで、香港に行く便のトランジットでちょっとソウルに寄るだけだ、という体裁でソウルに入ったのです。

二晩徹夜をして、なんとか取材を試みました。当時の韓国は、クーデターで実権を握った全斗煥大統領の軍事政権時代で、まだ戒厳令も出ていました。

私たちが空港で撮影をしようとしたら、空港は軍事上重要な拠点であるため、兵士に制止されました。「取材させてくれ、日本のニュースギャザリングだ」と英語で言っても通じなかったのですが、「ＮＨＫ報道」と書かれた腕章を見せた途端、兵士が「ああ、報道？」と言って、わかってくれました。

そのころの韓国では、まだ漢字がかなり使われていました。幸い「報道」という単語は、中国から朝鮮半島を渡って、日本に来た言葉だったのです。

ちなみにハングルは、一五世紀半ばの李氏朝鮮時代にできました。一九四八年に大韓民国という国家が成立するとともに、韓国は今後ハングルのみを用いるという「ハングル専用法」を制定し、一九七〇年には普通教育の場からの漢字廃止を宣言しました。しかしこのころはまだ移行期であり、街に出ると、お店の看板の多くは漢字で書いてあったものです。

取材を続けている最中に、大韓航空機は強制着陸ではなく撃墜されていたことがわかりました。

空港には、韓国人の乗員・乗客の家族たちが安否を知りたいと詰めかけていましたが、突然その方々は「遺族」になってしまったのです。私の目の前で泣き叫んで失神してしまう人もいました。噂には聞いていたけれど、日本人に比べて韓国の人たちは本当に感情表現が豊かなんだな、日本人と見た目はそっくりでも、やはり国民性がまったく違うんだなと、同情しつつ驚いたものです。

その後、大韓航空の副社長にインタビューをしましたが、彼は流暢に日本語を話していました。かつて日本の植民地だった韓国では、あのころは日本語を話せる人たちがたくさんいたのです。

大韓航空機がどうしてソ連の領空に入ってしまったのかを聞きたくて、「これは聞いては失礼かもしれませんが」と前置きを言った途端、ぴしりと「じゃあ聞かないでください」と日本語で厳しく言われ、機先を制されたものです。

## 戦時下の独裁国家、韓国での緊迫の一夜

ソウルの街中に出てみると、橋という橋に必ず銃を持った兵士が立っていました。橋は国防上重要な場所だからです。

橋を渡ろうとすると、いちいち兵士に車を止められ、兵士が車内を覗き込みます。そうすると小銃の銃口も、車内へ入ってくる。そういう緊迫した雰囲気の国でした。やはり韓国はまだ戦争中なんだ、朝鮮戦争は終わっていないんだ、と実感しました。

ＮＨＫのソウル支局などの在韓マスコミ各社には、定期的に韓国中央情報部（ＫＣＩＡ）の人間がやってきてチェックしていました。一九八〇年五月一八日から二七日にかけて起きた「光州事件」の際には、それを報じた朝日新聞や共同通信などのソウル支局が、軍事政権によって閉鎖に追い込まれたこともあります。

光州事件とは、民主化を求める市民たちの大規模な抗議行動を、全斗煥ら軍事政権が弾圧した事件です。当時人口七五万人の光州市に陸軍二万人が投入されて市を封鎖・包囲し、軍は光州市に戦車を投入して多数の市民を殺害しました。後の戒厳司令部の発表では、一八九人の市民が犠牲となったとされましたが、市民のあいだでは二〇〇〇人近くの犠牲者が出た

とも言われています。

包囲中は通信回線も遮断され、光州市民は外部との連絡を断たれました。韓国のマスコミ各社も報道を統制され、一切報道できず、光州で何か異常な事態が起きているらしい、ということを海外メディアだけが何とか報じている状態だったのです。

ＫＣＩＡは、在韓マスコミ各社で働いている韓国人スタッフを定期的に呼んで、取り調べていました。中には「水責め」という拷問にかけたケースもあったようです。お前が働いている外国の報道機関は何をやっているんだ、全部正直に話せと、ひたすら水を飲ませるのです。

体に跡がつくような拷問をすると証拠が残ってしまうので、体に傷をつけないようにやるのです。基本的に独裁国家は、外国の報道機関はスパイだと思っています。

韓国が民主化されるのは、ソウルオリンピック開催前年の一九八七年です。日本のすぐ隣に戦時体制の国があるということは、頭で知っていたり、想像したりはしていても、実際にリアルな現場を見ると、まったく違うものでした。「百聞は一見に如かず」ということわざを、身に沁みて感じたものです。

また、相手国の歴史を知ること、特に今を知るために近現代史を学んでおくことが、とりわけ重要だと思います。「ヨコの想像力」を的確に発揮するための素地となるからです。

## 不治の病の人々の取材でアメリカへ

二度目の海外も取材目的でした。アメリカでエイズ（後天性免疫不全症候群）患者を取材するというものでした。

エイズとは、ＨＩＶ（ヒト免疫不全ウイルス）に感染して免疫力が低下し、さまざまな「指標疾患（カポジ肉腫やニューモシスティス肺炎、非ホジキンリンパ腫など厚生労働省が定める二三種）」を発症した状態のことを言います。

一九八七（昭和六二）年一月、国内初の女性のエイズ患者が神戸市で確認され、わずか三日後に亡くなるということがありました。センセーショナルな報道も加わって日本中にエイズに対する恐怖が広がり、エイズパニックを引き起こしていました。

当時も、ＨＩＶへの感染経路は主に性的接触や血液を介してのものであり、日常生活で他人からＨＩＶに感染することはないとはわかっていました。しかし、エイズを発症した患者は治療法のない不治の病だと言われていたこともあり、エイズが過剰に恐れられていたのです。なお現在では、さまざまな治療薬が開発されたおかげで、症状をコントロールしながら普通の生活を送ることができるようになっています。

海外取材は、病気という観点でエイズを取り上げるのではなく、感染したことによって死を待つ人々がどういう心理状態になるのかという点に焦点を当て、「NHK特集（現在のNHKスペシャル）」で放送するというものでした。そこで、あえて医療担当ではない私が選ばれたのです。ニューヨーク支局のNHK記者とディレクター、カメラマンと一緒に、アメリカの各地を回ることになりました。

コロラド州デンバーでは、アメリカの保健当局がエイズ患者に感染経路を聞き取りするようすなどを取材しました。取材で話すくらいでは感染しない、ということはわかっていたものの、エイズ患者と対面するのも初めてです。「握手をする手に傷があれば、感染の可能性もあるな」という考えがつい頭をよぎるなど、やはり多少の戸惑いは感じたものです。

アトランタには全米疾病対策センター（CDC）があり、ひとり暮らしの貧しいエイズ患者に食事を届けるというボランティア活動に同行して取材しました。

しかし着いた家は、日本で言うところの豪邸でした。日本の住宅事情が悪いせいで、アメリカの「貧しい人の家」を撮影してもとても貧しくは見えず、テレビで放送する側としては困りました。何ごとも、実際に行って見てみないとわからないものですね。

キューブラー・ロスというカリフォルニアの精神科医が、エイズの末期患者を集めてワークショップを開き「どうやって死を迎えるか」というメンタルケアをしている現場の取材は、貴重な経験でした。

彼女は著書『死ぬ瞬間　死とその過程について』(鈴木晶訳)が世界中で大ベストセラーとなり、ホスピスが普及するきっかけをつくった人物です。

キューブラー・ロスは医師になってすぐのころ、死を迎えようとしている患者に対する医療者の態度に疑問を持ち、どう接するべきかを研究するようになりました。そして『死ぬ瞬間』で発表した「死の受容のプロセス」は、「否認・孤立」「怒り」「取引」「抑うつ」「受容」というもので、現在医療や介護の現場で広く知られています。

前述のとおり、私は医療担当記者ではありませんでした。だからこそ、「不治の病」とされたエイズとは何なのか、死を待つ人々がどういう心理状態になるのかを、一般の人たちはどう想像すればいいのか、といった視点で、取材ができたと思います。

取材の途中で、ニューヨークのマンハッタンにも立ち寄りました。当時は治安が非常に悪く、マンハッタンでは殺人事件が頻繁に起きていました。

渡米前には、同僚から「二〇ドル紙幣を一枚、上着の胸ポケットに入れておけ」というアドバイスを受けました。

街を歩いていると突然「ホールド・アップ（手を挙げろ）！」と言われ、金を出せと脅される、そのとき内ポケットに手を入れようとすると、銃を持っていると誤解されて、いきなり撃ち殺されるかもしれない。そこで上着の上から、「ここ、ここ」と胸ポケットを指さし、そっと二〇ドル紙幣を出して渡せば、とりあえず大丈夫だ、ということです。マンハッタンの強盗は、コカインなどを買うお金がとりあえず欲しいだけなので、二〇ドル渡せば命は助かるよ、というわけでした。

ニューヨーク市の治安がよくなったのは、一九九〇年代後半のことです。「割れ窓理論」という、アメリカの犯罪学者ジョージ・ケリングが提唱した理論があります。一枚の割られた窓ガラスをそのままにしていると、さらに割られる窓ガラスが増え、いずれ街全体が荒廃してしまうというものです。

犯罪多発都市ニューヨークのジュリアーニ市長が、九四年以降この割れ窓理論を実践し、地下鉄の落書きなどの軽微な犯罪を徹底的に取り締まりました。その結果、殺人や強盗などの重犯罪が大幅に減少し、ニューヨークの治安が回復したのです。

## アメリカ中間選挙を異例の結果に導いた女性票

新型コロナが流行し始めてから、およそ二年半はまったく海外取材へは行けませんでしたが、二〇二二年一〇月、アメリカの中間選挙の取材に行きました。アメリカ議会の下院全員と、上院の三分の一の改選が行われた選挙です。

前評判では、物価高で政権が批判されて共和党が勝ち、現在上下院で優勢な民主党が負けるのではないかと言われていました。ユーラシア・グループも、二二年一月に出した予測で、「共和党が優位に立ち、バイデン政権の施政を妨害するようになるだろう」と予測していたのです。

ところが現地に行ってみてわかることとは、いろいろとあるものです。

ニューヨークなどは確かに物価が高いのですが、その分給料も上がっているため、何とかなっているのです。つまり高学歴の高所得者層という民主党支持層にとっては、物価が上がっても給料も上がっているから、バイデン政権に対する不満がないのです。

最も意外だったのは、人工妊娠中絶の問題が、アメリカで大変大きな争点になっていたことでした。その差し迫った雰囲気は、日本にいるとなかなかわからないものです。

これまでアメリカでは、一九七三年の連邦最高裁判所判決（ロー対ウェイド判決）を根拠として、人工妊娠中絶は女性の憲法上の権利として認められていました。

しかしトランプ政権は、この七三年判決を見直すために、最高裁判事九人の構成を保守派六人、リベラル派三人とし、保守派に優位な状況をつくり上げました。そして二〇二二年六月二四日、七三年判決を覆し、人工妊娠中絶はアメリカの憲法が保障した権利ではない、妊娠中絶に関する法律はそれぞれの州が決めることだという判決が出たのです。半世紀にわたって守られてきた女性の権利が否定された瞬間でした。

共和党の議員が多い一三の州では、人工妊娠中絶を直ちに完全に禁止しました。レイプや近親相姦の結果の妊娠でも、母体の生死にかかわるケースでも、証拠不十分の場合には中絶手術をした医師が逮捕されるのです。

ここまで極端に中絶を厭（いと）う背景には、その「宗教票」の力で大統領選挙に多大な影響力を持ち、トランプ前大統領誕生にもかかわった、キリスト教プロテスタントの福音派の「生命の尊重」重視の考えがあります。

福音派とは、聖書の一字一句をそのまま信じる「福音主義」に基づく信仰生活をしている人々で、アメリカ国民の二〇～二五パーセントを占めています。アメリカ中西部から南部にかけての地域に多く、妊娠中絶や同性婚、教育現場で「進化論」を教えることなどに強く反対してきた人々で、保守である共和党を支持しています。

また、グローバル経済によって仕事を奪われた人々が、その憎悪の反動として保守思想を増長させたことも、中絶反対派が力を持つ一因になっていると言われます。

人工妊娠中絶が禁止されるということは、女性の性と生殖に関する権利が大きく制限されるということです。当然、民主党の支持者や、無党派層の若い女性たちは反発します。

そこまではわかりますが、共和党支持の女性たちは、妊娠中絶の禁止はいいことだと思っているのだろうと予想しますね。しかし現地へ行ってみたら、そんなに単純な構造ではなかったのです。

つまり共和党支持者の女性たちからも、中絶するかどうかは自分が決めることで、国や州からあれこれ言われたくはない、どうしてそんな法律をつくるんだ、という反発が起きていたのです。そのため意外にも、普段は共和党支持の保守的な女性たちで、「今回は民主党の候補者に投票しよう」という人が増えていたのです。こうした人々の温度感というものは、やはり現場に行って取材してみないとわからないものでした。

結果的に、上院では民主党が議席をひとつ増やし、過半数を占めました。下院は民主党が選挙前二二〇議席から二一三議席に、共和党が二一二議席から二二二議席となり、共和党が勝ちましたが、それほどの差はつきませんでした。

中間選挙では、歴史的に現職大統領の政党が大敗するものです。一九三四年から二〇一八年のあいだ、大統領の政党は中間選挙で平均して上院で四議席、下院で二八議席を失ってきたというデータがあります。ところが今回、バイデン大統領率いる民主党は善戦をしたというわけです。

さらに言えば、この中間選挙で負けたのはトランプだ、という空気がありありと感じられました。マスコミが「共和党有利」と当初書いたため、喜んだトランプ前大統領があちこちに出ばってきては、選挙応援に回っていました。これで共和党が勝てば、「俺が応援したからだ、俺の人気のおかげだ」と、二年後の大統領選挙が有利になると踏んだわけです。

しかしトランプには、熱烈な支持者もいますが、大嫌いだという人たちもたくさんいます。そこをバイデンがうまく、「共和党に勝たせていいのか」「今こそ民主主義の危機じゃないか」という言い方をして、これが選挙終盤戦で効いたようです。

実はアメリカの選挙も、意外に投票率は高くありません。大統領選挙でだいたい六〇パーセントくらいで、中間選挙はもっと低く、四〇パーセントに達しないことも多々あり、関心が薄いのです。

ただ今回はバイデンが「民主主義の危機だ」と煽ったことで、投票所に足を運ぼうかなという無党派層が少し増え、過去一〇〇年で最も投票率の高かった二〇一八年の約五〇パーセントを上回ったようです。そうして、民主党が善戦したという構造になったのです。

### アメリカの「分断」は明日の日本の姿

アメリカは、二〇世紀末に起きたＩＴ革命以降特に、分断が顕著になっています。その分断の存在を白日の下にさらしたのが、トランプでした。

東海岸や西海岸の高学歴の人々は、金融やＩＴ業で職を得て、高所得者になります。一方で、アメリカの中西部や南部に多い、大学に行っていない人たち、高校をかろうじて卒業できるか中退したかといった人たちは、肉体労働で働くしかなく、低所得者になっていきます。

そして特に、アメリカの政財界では、高学歴・高所得の民主党支持者たちが、低学歴・肉体労働の白人たちを見下す傾向があります。一方、見下される側は、それを敏感に感じ取って反発する。こうした「分断」がすさまじいのです。

　そんなアメリカの現実を見ると、日本でもこれからそうなるのではないかと想像できます。所得の高い人は子どもを小学生のころから塾に入れ、どんどんいい教育を受けさせるし、そうでない人はおいていかれる。そうした分断が、まだはっきりとは「見える化」していないものの、日本社会でもジワジワと出てきていると感じます。

　実際日本の一七歳以下の子どもの相対的貧困率は一三・五パーセント、約七人に一人の割合です。また経済的理由により就学援助を受けている小中学生は、約一三七万人もいます（いずれも二〇一八年）。

　アメリカで起きることは、だいたい一〇年後に日本で起きるとも言われています。何もないところから想像力を働かせるのは、なかなか難しいわけですが、アメリカを見て今後の日本を想像することができるのです。

## 3 多くの視点を持つとはどういうことか

### 想像力が偏らないようにする秘訣

人はいつまででも学ぶことができます。ただし、ある特定の考え方ばかり学んでいれば、偏りはますます偏っていきます。学びには、あらゆる観点から学ぶという姿勢が必要です。そうしていると、次第に「ああ、こんな見方があったのか、こんな世界があったのか」という、新しい景色が見えてくるのです。

偏らずにあらゆることを知ろうという意識があると、想像力も偏らないで済むはずです。問題意識というよりも、「もっともっといろんなことを知りたい、知りたい」という、強烈な知的好奇心が、偏らない思考をつくってくれるはずです。

あらゆる観点から学ぶということは、何かひとつのことについて、切り口を変えていろいろな方向から見ていくということです。

たとえばロシアによるウクライナ侵攻を、宗教戦争と見る見方もあります。けれど宗教戦争だと一概に言えるかというと、必ずしもそうでもありません。また地政学だけで論じられるかというと、これもそうでもありません。

あるいはひょっとすると、平均寿命という観点も重要かもしれません。ロシア人男性の平均寿命（二〇二〇年）は六七・三歳です。欧米主要国男性の平均の七九・五歳と比較して、一二・二歳も短いのです。一九五〇年代にはそれほどの差はついておらず、ソ連人男性と欧米主要国男性の平均との差は、数歳程度でした。しかし欧米主要国が右肩上がりで寿命を延ばしていく一方で、ソ連としての計画経済期、一九九一年ソ連崩壊後のロシアの市場経済移行期を通して、ソ連・ロシア人男性の平均寿命は短くなっていきました。心理的ストレスからのアルコールの摂取過多、暴力的な犯罪の増加、保健医療制度の欠陥による感染症の蔓延などが理由とみられています。

ロシア社会には、未来がないという切迫感、絶望感のようなものがあるのかもしれない、そういう見方もできます。

実は、アメリカ人の平均寿命も落ち込みつつあり、世界の先進国の中で最も低い水準となっています。人種や性別、居住地域を問わず、二五歳から六四歳までの「生産年齢」に含まれる層の死亡率が高くなってきているのです。オピオイドという薬物での中毒、肥満、アルコール性肝疾患、自殺などが主な死因となっています。

先進国で今の時代に、平均寿命が短くなるとはどういうことなのか、日本人からすれば不思議ですし、空恐ろしい気もします。もしかしたら、こうした閉塞感も「トランプ現象」につながったのかもしれません。

日本は確かに少子高齢化ですが、平均寿命は高止まっています。平均寿命が長いことによる高齢化の問題と、平均寿命が短くなっていく問題とでは、全然性質が違います。そうした絶望がもしかしたら各国の動向の背景にあるのかもしれない、そういったさまざまな仮説も立てられるのだということです。

## 世の中には「正解」がないことを理解する

多くの視点を持ち、想像力の幅を広げるための参考例を、いくつかここに挙げてみましょう。まずは、第4章にも書いたように、世の中には「解」がないということはいくらでもある、と自覚することです。

ジャーナリストの立花隆さんは、著書『サピエンスの未来』で、哲学のトラップ（落とし穴）はふたつあると書いています。ひとつは「解が本来ない問題に、解があるはずだと思って、一生思い悩むというタイプ」、もうひとつが「もっともらしいニセモノの思想にハマってしまうこと」です。

小学校から高校までは、必ず正解のある問題を解いていきますが、大学以降はとにかく、世の中に正解なんてないものがいくらでもあるのだと認識すべきです。世の中には必ず正解があるのだと思い込んでいると、ニセモノの思想にハマってしまうこともあるわけです。危険な新興宗教や、陰謀論などです。

もっともらしく「これが正解ですよ」と言う人がいたら、そんなことを言うこと自体がいかがわしい、とまず疑うべきです。

そういう力を鍛えるには、やはりここでも、読書です。文学作品には、何が正解かわからないというものがたくさんあります。特に芥川龍之介の『藪の中』は代表的でしょう。ひとりの侍の死をめぐって、登場人物全員の証言がすべて微妙に食い違っていて、何が正解だかわからなくなるという強烈な読後感があります。

## 想像が無限大になる時間や宇宙への好奇心

自分の中に多くの視点を持つようにしたいというとき、科学的な見地について学ぶのも有効です。

生物学者の福岡伸一さんは、絶え間ない流れの中で一種のバランスがとれた状態を保つという、生命現象の核心を「動的平衡」と表現しています。仏教思想にも「生々流転」、あらゆるものはいつまでも変化し続けている、というものがありますね。

人間の細胞の多くは、数ヵ月で入れ替わっているといいます。細胞が老いて死んでいっては、代わりに新しい細胞が生まれている。池上彰という人間がずっと存在しているように見えていても、数ヵ月後には、細胞がほとんど入れ替わった「新しい池上彰」が存在しているのです。変わらないものはない、自分自身の体も日々変わっている、と考えれば、変化を恐れたりせず、新しいものに挑戦する気概が湧いてきませんか。

ただし、神経細胞だけは再生ができません。神経細胞の寿命が来たときが、「老衰」で亡くなるときです。現在の研究では、人間は一二〇歳以上生きられないと言われています。

一方立花さんは、前出『サピエンスの未来』の中で「べき乗でものを考えよ」、すなわち「指数関数的にものごとを捉えよ」と解いています。

今はあまり売っていませんが、生物物理学者の和田昭允さんが考案した「時・空計算尺Gulliver（ガリバー）」というものがあります。その定規は、時間と距離（大きさ）

を「一〇の何乗か」という対数の目盛りで表現しているものです。時間のほうは、宇宙の誕生「ビッグバン」から一マイクロ秒までを、距離（大きさ）のほうは、地球の直径から水素原子（ボーア半径）までを、ひとつの定規に収めているのです。

私も最近まで、こんな定規があったなんて知りませんでした。指数関数でものごとを見ることで、大きな数字を簡単に表現できるようになるわけです。

約一四〇億年前に起きたビッグバンは、一〇の一八乗秒より少し前のことで、生命の起源は一〇の一七乗秒前、人類の起源は一〇の一四乗秒前くらいです。

宇宙の果て（宇宙観測の限界）は一〇の二六乗メートルの彼方にあり、ウイルスは一〇のマイナス七乗メートル、水素原子（ボーア半径）は一〇のマイナス一〇乗メートル以下です。

「地球カレンダー」もものごとの捉え方を変えてくれます。地球の歴史を一年に圧縮してみると、人類が誕生したのは一二月三一日の二三時三七分の出来事です。人類が誕生してから今まで、ほんのわずかな瞬間しか経っていないのです。

こうした視点は、気づきを得るのに非常に有効です。目の前の時間や空間だけではなく、さまざまな時間や空間に思いを馳せ、想像力を養ってみてください。

ここで少し、宇宙に想像を広げてみましょう。現在の観測可能な宇宙は、星や銀河がまだらに分布していて、全体が膨張を続けているということが観測によってわかっています。

では、宇宙はこの後、どうなるのか。「ひたすら膨張し続ける」という説と、「膨張がどこかで止まり、縮小が始まるのではないか」というふたつの説があるのです。

宇宙の中には「ダークマター」という、まだ解明されていない一定の質量を持つ暗黒物質があり、その質量が影響して縮小すると考えられています。いったん縮小を始めると、地球も人類もみな飲み込んで、ビッグバン以前に逆戻りするというわけです。

ちなみに理系の研究者は、「ビッグバンの前には何があったのか」「宇宙が膨張しているなら、その外側はどうなっているのか」ということは基本的に考えないそうです。考えても意味のないこと、計算できないことや証明できないことは、考える必要がない、と考えるのが、多くの理系研究者の姿勢だからです。

しかし私は文系ですから、つい考えてしまいます。私たちは膨張している風船の中にいるわけで、外に何があるか、知りたくなってきませんか。

こうした視点はあくまで一例です。あなたが知的好奇心を持つ対象は、何でもかまいません。興味のある分野について、さまざまな視点から学びを続けてみてください。

# 第6章

## 池上彰の未来予測

——私が未来を予測するとき何を見ているか

## 1 「Z世代」がリスクになると予測された理由

ここまで、想像力を失うとどうなるのか、「ヨコの想像力」と「タテの想像力」について、そして自由に想像するためのさまざまな秘訣や、想像力を養うにはどうすればいいのか、といったことを述べてきました。

第6章ではまず、これからの世代について予測します。前述のユーラシア・グループによる二〇二三年の一〇大リスクで意外性があったのが、九位の「ＴｉｋＴｏｋ（ティックトック）なZ世代」でした。このZ世代に注目します。

そして次には、私も想像力を駆使し、私なりの「未来予測」を立ててみます。あなたが今後「未来を想像する」ときに、私の予測のしかたが参考になればと思います。

さて、Z世代とは、一九九〇年代中盤から二〇〇〇年代序盤ごろに生まれた世代、主に現在の中高生から二〇代を指します。

なぜ「Z世代」と呼ぶのか。話は第二次世界大戦にまでさかのぼります。

大戦後、ようやく訪れた平和の中で兵士たちがそれぞれ祖国に帰って結婚をし、世界中で大勢の子どもが生まれました。その子どもたちを、アメリカでは「ベビーブーマー」と呼びました。日本では一九四七年から四九年ごろに生まれた人たちに当たり、作家の堺屋太一さんが「団塊の世代」と名づけました。

そのベビーブーマーたちが大人になり、社会の中心を担う世代になったとき、「次の世代は何だかよくわからない」「われわれの常識が通用しない連中だ」ということで、「X世代（ジェネレーションX）」と名づけられました。数学で「何が入るかわからない」ところに「X」（変数）をあてるのにならい、「よくわからない世代」の名称を「X」とした、というわけです。

X世代は一九六〇年代中盤〜八〇年ごろに生まれた人たちです。その後の一九八一年〜九〇年代中盤生まれが「Y世代（ミレニアル世代）」と呼ばれました。ミレニアム（二〇〇〇年）を経て成人していく、多感な青春時代以降を二一世紀にすごす世代、ということです。若いときからインターネットや携帯電話を使いこなしてきた人たちです。

Z世代は、X、Yに続く世代のため、アルファベット順に「Z世代」と呼ばれています。彼らは物心ついたときにはスマホが身近にあり、インターネットのない生活を経験したことがない最初の世代です。

ちなみにZ世代に続く世代、二〇一〇年以降生まれの人たちは、「α（アルファ）世代」と呼ぼうということになっています。アルファベットを使いきってしまったので、次はギリシャ文字の先頭である「α」が使われるのです。現在の小学生以下くらいで、生まれたときからスマホやタブレット、ＳＮＳが発展している世代です。

さてZ世代は、まさに「ティックトック世代」です。ユーチューブの動画は「長すぎる」という理由で、最大三分までの動画共有ＳＮＳであるティックトックのほうをよく利用しています。検索もグーグルばかりではなく、Ｉｎｓｔａｇｒａｍ（インスタグラム）など、さまざまなＳＮＳを活用することが多いのです。

私が教えている名古屋の大学の学生たちも、ティックトック漬けです。選挙の情報も、ティックトックで得ていました。二二年七月に行われた参議院選挙で、「参政党」がなぜあれだけの影響力を発揮し、議席をひとつ獲得できたのかというと、ティックトックでの拡散があったからです。ティックトックを見ていない世代からすれば「わけのわからない政党」という印象で、選挙のプロたちもまさか当選者が出るとは予想できていなかった参政党ですが、ティックトック世代にはなじみがあったのです。参政党が集会を開くと、多くの人たちが集まっていました。特に新型コロナウイルスワクチンに否定的な人たちは、参政党をかなり支持していたようです。

とはいえ、Z世代がリスクだと考えられるというのは、なぜでしょうか？ これはいかにも欧米的だなとも思います。

とりわけ大きいのは、やはり若き環境活動家、スウェーデンのグレタ・トゥーンベリさんの存在感でしょう。彼女もZ世代で、環境問題について非常に深刻に考え、強く訴えています。アメリカのZ世代も、政治や環境問題などに対して非常に意識が高く、発言力も強い人たちです。地球環境のための「金曜日のストライキ」や、地球温暖化対策を訴え大勢の若者たちが街頭デモなどをしています。

ユーラシア・グループの報告書は、「企業や公共政策を変えるためにオンラインで（運動を）組織化する能力と動機の両方を持つ。ボタンをクリックするだけで世界中の多国籍企業の活動を困難にし、政治を混乱させることができる」「（Z世代は）その多くが、学校や仕事を休んででも気候変動や銃規制、社会正義に関する政府の政策に抗議し、教育界や経済界に、自分たちの世界観に合わせることを求める『生まれながらのアクティビスト（活動家）』

だ」などと指摘し、「その政治的影響力はさらに広がっている」と評しています。

二二年秋のアメリカ中間選挙では、フロリダ州で民主党の二五歳の、まさにZ世代の人が下院議員に当選しました。

こうした若者たちが、いずれさらに過激になるかもしれない。これまでの秩序を破壊し、まったく新しい運動をつくることになるかもしれない。その運動がリスクになるかもしれないし、いいほうにいくかもしれない、という意味で、ユーラシア・グループは「ティックトックなZ世代」をリスクに入れたということです。

Z世代の人たち自体が危険だという意味ではありませんが、実際、過激なZ世代は現れています。環境への意識が高い人たちが、菜食主義ですら生ぬるいと、完全に動物性タンパクをとらない「ヴィーガン」になる。さらには肉食に反対して、焼肉レストランになだれこんで営業を妨害するという事件まで起きました。

美術館に飾られている名画にトマトスープをかけたり、手につけた接着剤をはりつけたりする事件もたびたび起きています。こうしたことも環境保護の過激派が起こしています。

ただ名画そのものを破壊しようというわけではなく、ガラスのケースや額縁に入っている絵を選んで犯行に及び、こうしたことをすれば大きなニュースになり、環境保護へのメッセージが送れるだろうということです。

日本でもやはり、グレタ・トゥーンベリさんの影響を受けて環境問題に取り組む若者たちが増えつつありますが、まだ欧米ほどではありません。

そのため日本企業も、こうした過激なZ世代についての認識は低いようです。ただ、特に海外でも事業を展開している企業は意識しておいたほうがいいでしょう。環境破壊や人権問題につながる行動をしていないか、慎重に判断すべきです。

人権に関しては、「新疆綿」の使用が問題になっています。新疆綿は、新疆ウイグル自治区に住むイスラム教徒のウイグル人を、中国が強制労働させて作っている疑惑があります。アメリカは同自治区からの綿製品などの輸入を禁止しました。

しかし厳密に行おうとすると非常に難しく、現在、世界の衣料品メーカーが対応に苦慮しています。綿の供給網は驚くほど複雑になっているからです。バングラデシュなどの主な加工地は、綿花をすべて輸入に頼っています。綿花はドバイで俵単位で取引され、さまざまな産地のものがごちゃ混ぜになってしまうといいます。

とはいえこの新疆綿問題を放置すると、ユニクロや無印良品などの日本の大規模衣料品メーカーも、Z世代を中心に不買運動などを起こされかねません。

## 2 『池上彰の大衝突』の予測が現実に

さて実は、私は以前にも未来予測をしています。もう一五年前になります。二〇〇八年に出した書籍『池上彰の大衝突』（文庫版は二〇一〇年）で、「将来世界で何が起きるか」というシミュレーションを行ったのです。

そのひとつに、「クリミア半島をめぐって、ロシアとウクライナが衝突をする」というものがありました。これは悲しいことに、二〇一四年に現実のものとなってしまいました。

クリミア半島には、冬になっても凍らない「不凍港」セヴァストポリがあり、地政学上重要な地域です。一八世紀にロシア帝国領となっていました。

一方のウクライナも一六五四年、ロシア領として併合されました。しかしロシアから次第に自治が認められなくなったり、ウクライナ語禁止令が出されたりしたことで、ウクライナでは民族運動が続きました。革命や内戦を経て、一九一九年に「ウクライナ社会主義共和国」を樹立、その上で二二年にソビエト連邦の構成共和国となりました。

スターリンの死後、第一書記のポストについたフルシチョフの時代に、ロシア・ウクライナ併合三〇〇周年（五四年）を記念して、クリミア半島はロシアからウクライナに帰属替えされました。フルシチョフは、その後のキューバ危機（六二年）の際にアメリカとの関係改善を行った人物でもあります。

そして九一年、ソビエト連邦が崩壊し、現在のウクライナという国が誕生しました。ウクライナが独立したとき、クリミア半島のセヴァストポリにはソ連軍の海軍基地がありました。これをウクライナのものにするか、ロシアのものにするかで揉めて、結局、海軍基地を半分に分けたのです。クリミア半島はウクライナのものだけれど、そこにウクライナ海軍の基地とロシア海軍の基地が並ぶことになりました。

こんないびつな状態が長く続くわけはないだろう、いずれこれをめぐってロシアとウクライナが対立するだろう、と私は考え、現地取材を経て、シミュレーションとして「クリミア半島をめぐって、ロシアとウクライナが衝突をする」と書いたのです。

するとプーチン政権のもと、二〇一四年三月一七日、ウクライナ領だったクリミア半島が突然独立を宣言し、翌日にはロシアに併合されました。

クリミア併合後は、ウクライナ東部でもロシアの支援を受けた親ロ派武装勢力による公的施設などの占拠が続き、ウクライナ政府軍との武力衝突が起きていました。そして二二年二月、ついにロシアが本格的にウクライナへ侵攻したのです。予測よりも最悪の事態となってしまいました。

「南シナ海での中国とフィリピンの衝突」という予測も当たりました。南シナ海の島をめぐって両国が衝突し、中国はその島を強引に埋め立てて自国の領域とする。ほぼそのとおりのことが起きてしまいました。

## 3　未来予測は過去・現在・人間の三要素で見る

『池上彰の大衝突』を書く際、編集担当者から「これから世界で何が起きるかを書いてください」と注文されました。

そこで私なりに想像力を一生懸命発揮して、「今世界で起きていることの現状分析と、そこに至るまでの歴史を勘案すると、未来にはこういうことが起きるのではないか」と考えていったのです。そうして仮説を立て、それを架空のニュース記事風に書いていきました。

未来を予測するときに必要なことをもうひとつ挙げるとすれば、「人間は時代や場所を問わず、案外同じような考え方をする人たちがいる」ことを、忘れないということです。第4

章で書いた「人間を知る」ということです。

アメリカと中国の対立の根幹には、それぞれにプライドがあって、おたがいに「相手の国には負けたくない」という思いがあるのです。だから、プライドを傷つけるようなことをしてはいけません。

また人間は、誰しも自由や豊かさを求めているという点で、本質的に変わらないはずです。中国などの独裁的な国家が国民をうまくコントロールしているように見えていても、いずれ人々は自由を求めるだろう、そのときに何が起きるのだろうか、などと考えてみるのです。ゼロコロナ政策であれだけロックダウンをして自由を奪っていれば、それに対する反発はあるだろうなどと、ひとつずつ考えて想像していくということです。

「人間を知る」にあたっても、歴史などのリベラルアーツ（教養）を持っていると、より理解が深まります。

たとえば、例として私がよく挙げるのが、古代ギリシャ時代にアテネとスパルタが戦ったペロポネソス戦争についてです。

スパルタが覇権を持っていたときにアテネが急激に成長してきて、その存在を警戒したスパルタがそれを抑え込もうとし、戦争になっていきました。

こうした、新興国が覇権国に取って代わろうとするとき、緊張関係に陥って戦争が不可避となる状態のことを、アメリカの国際政治学者グレアム・アリソンは「トゥキディデスの罠」と呼びました。トゥキディデスとは、ペロポネソス戦争を記録した、古代アテネの歴史家の名前です。

二〇世紀前半には、日本が急激に成長し頭角を現してきたことに対して、アメリカが危機意識を持ち、太平洋戦争へと進みました。それが最近、二一世紀初頭では、中国の台頭を警戒したアメリカが中国を何とか叩こうとしているわけです。これらもまさに「トゥキディデスの罠」です。

『トム・ソーヤーの冒険』などで知られるアメリカの小説家、マーク・トウェインが言ったという、「歴史はくり返さないが韻をふむ」という名言のとおりです。

ちなみにこの言葉がマーク・トウェインのものだという、確たる証拠はありません。そう伝わっているということなのですが、彼はいろいろな名言を残しています。私の心に刺さったのは「『お若いですね』と言われたら、それはあなたが年をとった証拠だ」というものです。これもまさしくそのとおりですね。本当に若い人に「お若いですね」とは言わないのですから。

未来予測には、人間についての理解を深め、過去の歴史と現在を学ぶ、その掛け合わせが必要なんだということです。その掛け合わせによって、未来はある程度見えてくるのではないかと思います。

## 4　習近平の中国とのつきあい方

ユーラシア・グループの二〇二三年のリスク二位は、「絶対的権力者・習近平」でした。習近平は、カリスマ性があるように見えませんが、「絶対的権力者」に上り詰めてしまいました。二〇二三年三月の全国人民代表大会（全人代）で、国家主席に再選され、党、軍、国家の三つのトップとして異例の三期目に突入しました。

彼はライバルに次々と「汚職をした」という汚名を着せて、追い落としてきました。とはいえ中国共産党幹部の多くは汚職に手を染めていたため、汚名を着せたというよりは実際に汚職をしていたわけですが、自分に忠誠を誓う者は汚職を見逃す、それ以外は汚職を摘発して失脚させる、というかたちで、結果的に習近平とその側近が共産党を制したわけです。

中国の汚職は死刑判決が出ますから、恐ろしいものです。習近平を怒らせると、自分が突然、汚職で死刑判決を受けるかもしれないのです。

ただし中国のすごく不思議なところは、「執行猶予つき死刑判決」があるという点です。たとえば執行猶予二年で、二年間刑務所できちんとすごしていれば死刑は免れられます。

特に習近平がちょうど国家主席になった直後は、全国で「虎も蠅も叩く」という言い方で、徹底的な汚職の取り締まりがありました。中国の共産党員で全人代の代表は不逮捕特権を持っていて、普通の警察は共産党員には手を出せません。共産党内部に「中央規律検査委員会」という、党内の警察のような組織があり、共産党員が規律違反をしたかどうかを取り調べます。

当時相当苛烈な取り調べをしたらしく、取り調べ中の党員が、追い詰められて窓から飛び降り自殺をしたといった事件もありました。

人権侵害があったのではないかと思われますが、中央規律検査委員会が行きすぎた取り調べをしていないかをチェックする機関はないわけで、真相はわかりません。これによって、習近平のライバルになり得るような人たちを徹底的に逮捕することができたのです。

中央規律検査委員会が下すいちばん重い罪は、中国共産党からの「党籍剝奪」です。それだけで済んでしまうのかと思いきや、党籍剝奪はつまり「不逮捕特権を失う」ということです。党籍剥奪されて、中央規律検査委員会が調べてきた捜査資料をすべて警察あるいは検察に渡されることで、逮捕に至ります。そこで取り調べを受けて、死刑判決を受けることもあり得るという仕組みになっているのです。

習近平の時代になるまで、中国共産党における汚職の蔓延は、酷いものでした。たとえば子どもにいい成績をつけてもらうために、先生に「付け届け」、つまり賄賂を贈るというのは、ごく当たり前の光景でした。公立学校の先生が、急に金持ちになって家を建てるということがよくありました。

これからの中国はどうなっていき、日本とはどういう関係になっていくのでしょうか。とても難しいところはありますが、予測はしやすいかもしれません。

たとえば韓国は、民主主義の国であり、選挙で誰が大統領になるかによって、方針ががらりと変わってしまいます。日韓関係をよくしたいと思っている大統領であっても、そこに慰安婦問題や徴用工問題が絡んでくると、選挙対策として国民の世論を意識せざるを得ませんでした。結果的にきわめてポピュリズム的になりつつあり、親日派の大統領であっても、反日の世論が高まれば関係は進まない、ということになります。

一方中国に関しては、習近平にもう誰も逆らえないということは、習近平の考えや行動を分析していけば、ある程度中国の動き方も予測ができるということです。

中国は今、アメリカとの関係が非常に悪化していて、中国経済が逆風にさらされています。習近平も、やはり中国経済が発展しないと国民に反発される、自分の支持基盤が失われていきますから、発展させたいと思っています。

となると、アメリカとの関係が悪いときに中国が頼るのは、日本です。そういう意味で中国の足元を見て、貿易ではうまくつきあいながらいろいろな交渉の窓口をつくり、関係性を築いていく。これが大事なことだと思います。

## 5「台湾有事」はすでに始まっている

台湾は、中国が習近平体制になり「台湾有事」の可能性が言われています。

二〇二四年には総統選挙があります。現在の蔡英文（さいえいぶん）総統（民進党）の人気もなくなってきていますから、政権交代もあり得ます。二二年一一月の台北市長選挙で国民党候補が勝利するなど、中国寄りな国民党も、地方選挙では意外に人気があると感じるからです。

なおこのとき当選した台北市長は、蔣介石元総統のひ孫である蔣万安です。蔣介石は、第二次世界大戦後の国共内戦で、中国共産党の毛沢東に敗れて台湾に逃れ、独裁体制を敷いた人物です。

しかし政権選択選挙となると、国民党が勝つと本当に中国に呑み込まれてしまうかもしれない、と不安になる人たちも多く、「やっぱり政権は民進党にしておこう」という意識が勝ることもあり得るでしょう。一概には、国民党が有利とも言えないのではないでしょうか。

特に香港に対する中国共産党の締めつけを見て、中国は怖いというおそれ、抵抗感を持っている台湾の人々は非常に多いのです。

中国としては、台湾の人々の精神的疲弊を狙っていると感じます。中国には伝統的な「孫子の兵法」、「戦わずして勝つ」という作戦があります。

つまり「軍事行動を排除しない」という言い方をしながら、ひっきりなしに戦闘機や爆撃機を台湾の防空識別圏まで入れて挑発をする。するとそのたびに、台湾空軍の戦闘機が、スクランブル発進をするわけです。しかしスクランブル発進も頻度が落ちてきているといいます。あまりに続くために台湾軍がすっかり疲弊してしまっているというのです。

周辺で中国軍が軍事演習をするというのも、あまりに続くと、台湾の人たちも嫌な気持ちになるわけです。

そして「台湾が民進党政権だから、今中国からこんな嫌がらせをされるんだ」「国民党政権になって親中派の総統が誕生し、中国と仲良くなれば、台湾有事は回避できるのでは」と、こういうかたちで政権交代を実現させようとしていると私は分析しています。だから民進党政権である限り、軍事挑発はこれからも続けるはずです。

中国としても、戦争をしたいわけではないのです。戦争を始めてしまえば、世界中から経済制裁を受け、せっかくここまで発展してきた中国経済がめちゃくちゃになりますから、それは避けたいはずです。

情報戦も仕掛けられています。「大陸と仲良くすればいいじゃないか」といった発信が、台湾のＳＮＳ上には大量に見られます。大勢の台湾人がそういう意見を発信しているのかと思いきや、アカウントをよく見ていくと、台湾で使われている繁体字ではなく、中国大陸で使われている簡体字であるということが多いのです。台湾人を装ったニセアカウントが相当数あるということです。

## 6「第三世界」がより発言力を増すとどうなるか

日本、アメリカ、オーストラリア、インドの四ヵ国で、首脳や外相による安全保障や経済を協議する枠組みＱｕａｄ（クアッド）が、よくニュースになっています。クアッドとは英語で「四つの」という意味です。

中国の台頭を背景に、アメリカもこのクアッドの枠組みを重視するようになっています。インド洋と太平洋を囲んで位置するこの四ヵ国で、連携を強化しようというわけです。

インドは、国際社会での立ち回りも上手です。インド独立後初代首相になったネルーは東西冷戦下で、われわれインドはどちらにも与しない、非同盟主義外交だと提唱し、「第三世界」という概念を打ち出しました。

一九五五年、インドネシアのバンドンでのアジア・アフリカ会議にも、この第三世界の考え方は影響を与えました。東西冷戦は、アメリカとソ連が仲間を増やしたいという「陣取り合戦」で、第三世界を自陣営に入れようと、米ソはさまざまな投資や援助をしていました。結果的に第三世界は、米ソ両方からそれらをもらえるという、一種の「漁夫の利」で、うまく立ち回ってきたのです。

このネルーの遺伝子は、今のモディ政権にも息づいています。インドは民主主義国なのだし、ウクライナに侵攻したロシアを非難して、欧米諸国の味方をしてよと思いたくなりますが、インドは国益優先で、どちらにも与しません。クアッドに入って日米豪と仲良くしながら、ロシアに対する経済制裁には参加せず、ロシアの足元を見て石油を安く買いたたいています。もはや伝統芸ですね。

インドは二〇二二年の名目国内総生産（GDP）が、ついに旧宗主国のイギリスを上回り、世界五位となりました。さらに二五年には現四位のドイツを、二七年には現三位の日本を追い越し、アメリカ、中国に次ぐ、世界三位の経済大国になると予想されています。インドの動向はこれから非常に注視すべきトピックです。

インドと言えば、世界的に大ヒットしていた映画『RRR』がアカデミー賞歌曲賞を受賞しました。私もオーストラリアへ取材に行く際、ちょうど気になっていたので飛行機の中で見始めたところ、三時間もある長尺の映画ですが、すっかり引き込まれました。

『RRR』は、イギリス植民地時代のインドを描いていて、イギリスがいかにインドで酷いことをやっていたのかを告発する勧善懲悪のエンタテインメント映画です。インド人の観客たちは、みんなスカッとして拍手喝采を送るそうです。

しかし私としては、映画でイギリスの植民地支配を単に告発するだけではなく、それをエンタテインメントに昇華したという点に、インドの「余裕」を感じました。急成長するインドは、本当に国として自信を持ってきているのだなと思います。

第三世界構想を堅持する大国インドは、二一世紀を通して、今後さらに発言力を増していくことでしょう。

## 7　衰え目立つ大英帝国の行方

イギリスは名目ＧＤＰで植民地だったインドに追い抜かれ、「大英帝国」の衰えが目立ちます。

しかしウクライナ侵攻のニュースを見ていて、やはりイギリスは「腐っても鯛」で、情報大国だなと感心しました。ロシアが今ウクライナでどんな状況にあるのかを発表するのは、ほとんどがイギリス国防省か、アメリカのシンクタンク「戦争研究所（ＩＳＷ）」のどちらかです。

戦争研究所は、新保守主義（ネオコンサバティズム＝ネオコン）のシンクタンクです。彼らは実は、オープンソース・インテリジェンス、つまり公表されている情報だけをもとに分析をしています。独自の情報源を持っているわけではなく、ウクライナやロシアなどの人たちのさまざまなSNS上での発信を丁寧にトレースし、独自に分析をしています。

一方のイギリス国防省は、ほぼリアルな状態で「何が起きているか」の情報を入手しています。衛星画像の利用や、電話の盗聴やメールなどの情報収集といった諜報活動をしているのです。さらにそれらの情報は、「ファイブ・アイズ」という枠組みで、アメリカ、イギリス、カナダ、オーストラリア、ニュージーランドの五ヵ国で共有しています。

イギリスはヨーロッパに関して、大量の情報を持っているのです。

ただしイギリスは、二〇二〇年一月末のEUからの離脱＝「ブレグジット」後、経済的に大きな打撃を受けています。今すぐではないものの、いずれイギリスで政権交代が起きれば、EUに再加盟しようという動きになるのではないかと、私は予想しています。

現在の与党は、ブレグジット強硬派だったボリス・ジョンソン元首相のときと変わらず、保守党です。リシ・スナク現首相は、ジョンソン政権で財務大臣を務めていました。

なおスナクは、インド系の移民二世です。そしてロンドン市長のサディク・カーンは、パキスタン系の移民二世です。かつて海外に多くの植民地を持っていたイギリスですから、旧植民地出身者が多く住み、社会進出しているのです。

## 8 過去の歴史から未来を見る方法

第二次世界大戦の際にイギリス首相だったチャーチルは、「過去を遠くまで振り返るほど未来を遠くまで見渡せる」という名言を残しています。未来予測をするには、過去の歴史を知る必要があるということです。

とはいえ、過去の歴史に関する知識を持っているだけでは、未来への想像力に直結はしないでしょう。

知識と想像力のあいだに必要なものは何か。それが、「アナロジー（類推）」です。アナロジーも、結局は想像力です。何か起きたときに、「これは過去の出来事でいうと、何に当たるだろう」と想像するということです。

フランスの歴史学者・人類学者であるエマニュエル・トッドは、ロシアのウクライナ侵攻に際して「第三次世界大戦が始まった」という言い方をしています。では第一次世界大戦と第二次世界大戦、どちらに似ているのかというと、これは第一次世界大戦だと。第二次世界大戦のときは明々白々に、みんなが「どんどん戦争に突入していく」ということを意識していた。しかし第一次世界大戦は、オーストリアの皇位継承者がサラエボで殺害されたことが端緒となり、局所的な戦いが始まったと思っていたら、ふと気づけばとんでもない戦争になっていたわけです。今回はそのアナロジーとして、むしろそちらに近いのではないかと考えられています。

過去の歴史を知った上で、今起きていることは過去だとどれに当たるのかを類推する。そして「そのときには次にこういうことが起きた、だから今回もこの後こういうことが起きるかもしれない」などと予測する。そうすれば、最悪の事態は止められるかもしれない、状況をいい方向に持っていけるかもしれない、というわけです。

## 9　独裁者の心のうちは歴史を知ると見えてくる

そこで歴史を踏まえて現代を見渡し、各国の指導者がどのようなことを考えているのかを見てみましょう。

中国の習近平国家主席は「共同富裕」という言い方で、人民みんなで豊かになりましょうと訴えました。そして独裁的な力を持とうとしています。彼は「現代版毛沢東」だと考えれば、理解しやすくなります。

あるいは、習近平は「南シナ海は中国の海だ」と言い張っています。その根拠として、かつての大航海時代に、鄭和(ていわ)が南シナ海を開発した、以降南シナ海は中国の海だ、と言っています。

鄭和は明の時代の宦官(かんがん)で、東南アジアやインド、アフリカにまで大艦隊を率いた人物です。そしてよく考えてみると、明は漢民族の帝国なのです。

その後の清は、満州人の王朝で、漢民族からすれば異民族支配です。清の時代に、アヘン戦争でイギリスに負けて香港をとられ、マカオはポルトガルにとられました。日清戦争で日本に台湾をとられ、中国はすっかり弱体化しました。

漢民族は列強に負けてはいない、もとの明のような大帝国をつくりたい、というのが、習近平の野望なのだ、というふうに読み解いていくということです。

ロシアのプーチン大統領も、ロシア帝国のピョートル大帝(一世、在位一六八二～一七二五年)やエカチェリーナ二世(在位一七六二～九六年)の名前に言及しています。ふたりとも、対外戦争で領土を拡大した皇帝です。「あの偉大なるロシア帝国の栄光よ再び」という思いで、戦争を始めたのだろうと類推します。

独裁者が何を目指しているのか、たいていは、歴史にヒントがあるということなのです。トルコのエルドアン大統領も、独裁的になってきています。エルドアンは首相のときに、部屋が一〇〇〇室もある大統領官邸を造りました。その後憲法を改正し、自分が大統領に就任し、その官邸に入りました。

国賓が来ると、軍隊が正装で出迎えるわけですが、オスマン帝国時代の正装を再現して、それを着た兵士が出迎えるということをやっています。「ああ、エルドアンも、『オスマン帝国の栄光よ再び』と思っているんだな」ということは、そうした振る舞いから見えてくるわけです。

かつて大帝国だった国に独裁者が生まれると、「過去の栄光よ再び」という思いが出てくるのは、人間の共通の考え方のようです。各国がどういう内在的論理を持っているのかを知るためには、やはり歴史を知るべきだということです。

## 10 未来予測は世界地図の「白い部分」に注目

他にも、世界の未来を予測するポイントがふたつあります。ひとつは、世界地図を見て、白くなっている部分に注目、ということです。たとえば日本列島の周辺だと、千島列島と南サハリンは白くなっています。日本はここの領有権を、太平洋戦争後のサンフランシスコ平和条約で放棄しています。けれど国境線は、ロシアと平和条約を結ばない限り画定できないのです。日本としては、「南サハリンも千島列島も放棄したけど、平和条約が結ばれていないので、ロシアのものと認めたわけではないんだよ」というのが建て前としてあります。そこで地図を白いままにしておき、「早くロシアと平和条約を結びたい、ここをロシアのものとして認めてあげたい」という政治的なアピールを実はしているのです。なお北方四島（北方領土）は、領有権を放棄していませんから、日本の領土です。

他にも、インドとパキスタンと中国の国境あたりのカシミール地方は、日本の地図だと白くなっています。ここの領有権をめぐって、中国、インドと、パキスタン三国の対立があるからです。

モロッコの南側も白くなっています。「西サハラ」という地域で、モロッコは、自国領だと言っているものの、他のアフリカ諸国は認めておらず、アフリカ連合（AU）は「西サハラは独立国だ」と認めています。そこでモロッコが反発し、一時はモロッコだけがアフリカ連合に入っていませんでした。ただし、二〇一七年に加盟を果たしました。

地図の空白に注目するだけで、結構いろいろな国際紛争が見えてきて、未来予測のヒントになるのです。

## 11 宗教を知らないと世界の動きは読めない

宗教も、世界の未来を予測するためのポイントです。宗教を知ると、世の中の見通しがつくようになります。

しかし日本人は特定の宗教を信仰している人が少なく、キリスト教やイスラム教のこともあまり知りませんし、信仰を持つ人たちの信仰心についても、ピンとこないようです。

日本で長く信仰された仏教や神道のことすら、知らない人が多いのです。先日テレビ番組のロケで、長野県の善光寺に行きました。するとそこでお参りしている若い人たちが「柏手(かしわで)」を打っていました。信じられない思いで、若いスタッフに「いやー、お寺で柏手を打っていたんだよ」と言ったら、スタッフも何がおかしいのかわからないようで、キョトンとしていました。そもそも柏手という言葉も知らなかったそうです。柏手とは、手のひらを打ち合わせて鳴らすことです。柏手は寺院ではなく、神社で鳴らすものなのです。

「実家は浄土真宗だ」「禅宗だ」などとみんな言うのですが、お葬式をする以外では寺とのつながりも希薄です。これも若いスタッフの話ですが、「自分の実家の宗教がわからない」と言うから、「でもお坊さんが家に来て、お経をあげてもらうことはあるんでしょ?」と聞くと「あります」と言います。そこで「じゃあそのお坊さん、南無阿弥陀仏って言ってた? 南無妙法蓮華経って言ってた?」と聞くと、「さあ……?」と、知りませんでした。

南無阿弥陀仏は、浄土宗や浄土真宗、時宗などで唱えられ、南無妙法蓮華経は、日蓮宗や日蓮正宗で唱えられるのです。

しかしこれほど宗教に関心がない、あるいはよくわかっていない人が多いのは、日本ならではのことです。

一方で世界には、宗教を信仰していて、宗教によって思考や行動を規定している人たちは大勢います。それはいいとか悪いとか、正しいとか正しくないとかいうことではなく、ひとりひとりの価値観の違いです。国際交流の上では、彼らの信じる宗教や、その思考・行動様式について知ることが欠かせません。

たとえば第5章で述べたように、アメリカは大統領選挙にも宗教が関係しています。トランプ前大統領が誕生したのは、キリスト教プロテスタントの中の「福音派」が強い支持基盤となったためです。またキリスト教カトリックの保守派もトランプなどの共和党を支持しています。

対するバイデン大統領は、民主党の支持基盤であるリベラルなカトリックです。同じカトリックでも、保守とリベラルとで、支持政党が違ってくるのです。

ロシアのプーチン大統領は、戦争にも宗教の思考を絡めています。二〇二三年の年明けに、「クリスマス停戦」をウクライナへ呼びかけました。このとき、ロシア正教のクリスマスが一月七日だということを初めて知った日本人も多かったのではないでしょうか。

ウクライナは一二月二五日にロシアからの攻撃を受けました。そこでウクライナのゼレンスキー大統領は「クリスマスにもロシアはこうやって攻撃してくるんだ、本当に人でなしだ」と非難しました。しかし残念ながら、ロシアの人たちにも、ウクライナ人でウクライナ正教を信仰する人にも、ピンとこなかったようです。ロシア正教もウクライナ正教も、基本的にクリスマスは一月七日だからです。

プーチンは、彼らへのアピールを狙ったのです。「多くのウクライナ人が信仰しているウクライナ正教のクリスマスには攻撃しないぞ。私たちロシアは、君たちの信仰について尊重している」というアピールです。

ただウクライナ西部、リビウのあたりなどは、昔ポーランドに占領されていたころに、ローマ教皇をトップに戴くカトリックに改宗しています。これを「東方典礼カトリック教会」といい、クリスマスは一二月二五日になります。

またこの「クリスマス停戦」の呼びかけは、ウクライナを悪者に仕立てるための作戦でもあります。ウクライナが拒めば、「ウクライナは信仰を軽視している、平和を望まない悪い国だ」というプロパガンダを、ロシア国内で流布できるからです。

さらにこれからの時代、知識として必須になるのは、イスラム教でしょう。

世界最大の宗教勢力は、現在はキリスト教です。二〇二〇年の推計で、世界人口の三一・一パーセントがキリスト教、二四・九パーセントがイスラム教、一五・六パーセントがヒンズー教、六・六パーセントが仏教を信仰しています。

しかし四〇年後の二〇六〇年には、イスラム教の信徒数がキリスト教の信徒数に迫り、その後追い抜いて、いずれイスラム教が世界最大の宗教になると見込まれています。人口増加傾向が高い地域とイスラム教の信仰圏とが、重なっているからです。

ちなみにインドは、ヒンズー教国という印象が強いと思いますが、二〇一一年の調査で、インド国民の一四・二パーセント、約一億七二二五万人がイスラム教徒でした。日本の人口である約一億二四五〇万人を、大きく上回る人数が、インド国内でイスラム教を信仰しているのです。

インドのモディ首相は、実はヒンズー至上主義者で、徹底的なヒンズー教徒優遇政策を実施しています。そのため、インド国内のイスラム勢力は、モディ政権に反発しています。

現在、世界でいちばんイスラム教徒の多い国はインドネシアで、人口の約八七パーセント、約二億三五〇〇万人に上ります。二番目がパキスタンで、人口の約九六パーセント、約二億二二〇〇万人がイスラム教徒です。そして三番目にイスラム教徒の多い国が、インドなのです。

こうして見ると、相手の宗教を理解することで、国際関係も人間関係もより深めていくことができるのは明らかでしょう。

# おわりに――行き詰まったら「よそ見」をしよう

「よそ見をしていないで、真っすぐ目的地に向かって頑張りなさい」

「地に足をつけて考えなさい」

日本に生きる私たちは、よくこんな言葉をかけられるのではないでしょうか。

しかし、地道な改善努力や前例主義・データ主義では強みがあったはずの日本企業なのに、この三〇年あまりのあいだに、ＧＡＦＡＭや中国の新興企業に地位を奪われてきました。「これまでどおりのやり方ではもう通用しないのでは」と、多くの人たちが肌感覚で感じているのではないでしょうか。

だから、今こそ、「想像力」です。

想像力は、自分ではない「他者」、ここではない「場所」、今ではない「時」などに対して、自由に思いをめぐらせる力。

人々が行動する原動力になったり、道を切り開くきっかけとなったりする力のことです。

目の前に閉塞感があるから、それを打破する方法が見当たらないから、と立ち止まるのではなく、一度そこから離れて、思いっきり自由に、あるべき未来を想像してみる。周りの人たちと助け合う方法を想像してみる。

そうすることで、思わぬ道が開けそうな気がしませんか。

「オルタナティブ（代案／既成・慣行のものに対するもうひとつの新しいもの）」という言葉があります。

目的地に向かって、いつでも真っすぐ行かなくてもいい。よそ見をして、道草をして、代案を考えながら向かえばいい、と私は思うのです。「よそ見のすすめ」です。

自分ではない「他者」、ここではない「場所」、今ではない「時」について、思いをめぐらせるのは、決して無駄なことではありません。むしろ、これからの選択肢を豊かにしてくれ、自分の心を豊かにしてくれるはずです。

人は生まれながらに、想像力を持っている生き物です。

よそ見をしながら、想像力を思いっきり使って、未来を切り開いていきましょう。

二〇二三年　八月

池上　彰

# 参考文献（著者五十音順）

『銀河帝国の興亡』シリーズ　アイザック・アシモフ　創元SF文庫
『藪の中』芥川龍之介　講談社文庫
『地方記者　続』朝日新聞社編　朝日新聞社
『007』ジェームズ・ボンド・シリーズ　イアン・フレミング　創元推理文庫
『池上彰の大衝突　終わらない巨大国家の対立』池上彰　集英社文庫
『世界史を変えたスパイたち』池上彰　日経BP
『死ぬ瞬間　死とその過程について』E・キューブラー・ロス　鈴木晶訳　中公文庫
『諸君！　名刺で仕事をするな』扇谷正造　PHP文庫
『エンダーのゲーム』オースン・スコット・カード　田中一江訳　ハヤカワ文庫SF
『同調圧力のトリセツ』鴻上尚史、中野信子　小学館新書
『この世界の片隅に』こうの史代　アクションコミックス（双葉社）
『雑談力が上がる話し方　30秒でうちとける会話のルール』齋藤孝　ダイヤモンド社
『月はすごい　資源・開発・移住』佐伯和人　中公新書

『ハーバードの日本人論』佐藤智恵　中公新書ラクレ
『ビジョナリー　カンパニー　時代を超える生存の原則』ジム・コリンズ、ジェリー・ポラス　山岡洋一訳　日経BP
『ハリー・ポッター』シリーズ　J・K・ローリング　松岡佑子訳　静山社
『1984』ジョージ・オーウェル　田内志文訳　角川文庫
『寒い国から帰ってきたスパイ』ジョン・ル・カレ　宇野利泰訳　ハヤカワ文庫NV
『ソラリスの陽のもとに』スタニスワフ・レム　飯田規和訳　ハヤカワ文庫
『サピエンスの未来　伝説の東大講義』立花隆　講談社現代新書
『鉄腕アトム』シリーズ　手塚治虫　光文社文庫COMIC SERIES
『思考の整理学』外山滋比古　ちくま文庫
『七人のイヴ』ニール・スティーヴンスン　日暮雅通訳　ハヤカワ文庫SF
『スノウ・クラッシュ』ニール・スティーヴンスン　日暮雅通訳　ハヤカワ文庫SF
『ダイヤモンド・エイジ』ニール・スティーヴンスン　日暮雅通訳　ハヤカワ文庫SF
『競争戦略としてのグローバルルール　世界市場で勝つ企業の秘訣』藤井敏彦　東洋経済新報社

『ドラえもん』シリーズ　藤子・F・不二雄　てんとう虫コミックス（小学館）
『SF思考　ビジネスと自分の未来を考えるスキル』藤本敦也　宮本道人　関根秀真編著　ダイヤモンド社
『消されかけた男』フリーマントル　稲葉明雄訳　新潮文庫
『多様性の科学　画一的で凋落する組織、複数の視点で問題を解決する組織』マシュー・サイド　株式会社トランネット翻訳協力　ディスカヴァー・トゥエンティワン
『アメリカを動かす宗教ナショナリズム』松本佐保　ちくま新書
『SFプロトタイピング　SFからイノベーションを生み出す新戦略』宮本道人、難波優輝、大澤博隆編著　早川書房
『武器輸出と日本企業』望月衣塑子　角川新書
『鉄人28号』シリーズ　横山光輝　SUNDAY COMICS（秋田書店）
『コード・ガールズ　日独の暗号を解き明かした女性たち』ライザ・マンディ　小野木明恵訳　みすず書房
『三体』劉慈欣　立原透耶監修　大森望他訳　早川書房
『告白』ルソー　桑原武夫訳　岩波文庫

**池上 彰**

ジャーナリスト。1950年、長野県松本市生まれ。慶應義塾大学卒業後、1973年にNHK入局。報道記者としてさまざまな事件、災害、消費者問題、教育問題などを担当する。ニュース番組のキャスターとして、1994年からは11年にわたり「週刊こどもニュース」のお父さん役として活躍。2005年よりフリーになり、執筆活動を続けながら、テレビ番組などでニュースをわかりやすく解説し、幅広い人気を得ている。また、11の大学で教鞭をとる。『社会に出るあなたに伝えたい　なぜ、読解力が必要なのか？』『社会に出るあなたに伝えたい　なぜ、いま思考力が必要なのか？』（ともに講談社＋α新書）、『池上彰の「世界そこからですか!?」――ニュースがわかる戦争・国家の核心解説43』（文藝春秋）など著書多数。

講談社＋α新書　6-5 C

**池上彰が大切にしている**
**タテの想像力とヨコの想像力**

池上 彰 

2023年8月21日第1刷発行

発行者――高橋明男
発行所――株式会社 講談社
東京都文京区音羽2-12-21 〒112-8001
電話 編集(03)5395-3522
販売(03)5395-4415
業務(03)5395-3615

デザイン――鈴木成一デザイン室
カバー印刷――共同印刷株式会社
取材・構成――小泉明奈
本文図版――朝日メディアインターナショナル株式会社
印刷――株式会社新藤慶昌堂
製本――株式会社国宝社

KODANSHA


Printed in Japan
ISBN978-4-06-528349-3